Theo und Julitta Schoenaker /
John M. Platt

# Die Kunst, als Familie zu leben

# HERDER spektrum

Band 4782

## Das Buch

Probleme im Familienalltag lassen sich lösen. Erziehung heute ist keine Hexerei – wohl aber eine Kunst, die gelingen kann, wenn man das Zusammenleben richtig gestaltet. *Rudolf Dreikurs* (1897 – 1972), einer der weltweit bekanntesten Kinderpsychologen, hat das Geheimnis des Zusammenlebens zwischen Eltern und Kindern wie kein anderer für unzählige Menschen erschlossen. In diesem Buch werden Leserinnen und Leser lebendig, anschaulich und nachvollziehbar in diese Erziehungspraxis eingeführt. Für Rudolf Dreikurs steht am Anfang die Einsicht: Kinder sind schon von klein an ernst zu nehmende soziale Wesen. Das Geheimnis seines Erfolges liegt darin, daß er vor jedem Kind Respekt hatte, ihm seine Individualität und Gleichwertigkeit zustand und ihm auf dieser Basis positiv entgegen kam. Ein Kind will ein vollwertiger Mensch sein, anerkannt werden, seinen Beitrag leisten in Familie und Schule und zur Gemeinschaft dazugehören dürfen. Eltern lernen verstehen, wie es zu Problemen in der Familie und zu Erziehungsschwierigkeiten kommt, wie man sie möglichst von vorneherein vermeidet oder gegebenenfalls auflöst. Auf der Basis dieses Menschenbildes erscheinen alltägliche Probleme mit Kindern in einem anderen, positiveren Licht.

## Die Autoren

*Theo Schoenaker* ist Logopäde und individualpsychologischer Berater. Er ist Schüler von Rudolf Dreikurs und leitet heute das Rudolf-Dreikurs-Institut für soziale Gleichwertigkeit.
*Julitta Schoenaker* ist Erzieherin, Dipl.-Sozialpädagogin und individualpsychologische Beraterin. Gründete zusammen mit Theo Schoenaker die Akademie für Individualpsychologie.
*John M. Platt* ist Schüler von Rudolf Dreikurs, arbeitete zusammen mit dem Internationalen Committee of Adlerian Summer Schools and Institutes (ICASSI), hat eine eigene Beratungspraxis und leitet ein Trainingsinstitut. Lebt in Kalifornien.

Theo und Julitta Schoenaker /
John M. Platt

# Die Kunst,
# als Familie zu leben

Ein Erziehungsratgeber nach
Rudolf Dreikurs

HERDER

FREIBURG · BASEL · WIEN

Gedruckt auf umweltfreundlichem,
chlorfrei gebleichtem Papier

3. Auflage

Lizenzausgabe mit freundlicher Genehmigung des RDI-Verlages.
Titel der Originalausgabe: „Mit Kindern in Frieden leben".

Alle Rechte vorbehalten – Printed in Germany
© Verlag Herder Freiburg im Breisgau 2000
www.herder.de
Herstellung: fgb · freiburger graphische betriebe 2002
www.fgb.de
Umschlaggestaltung und Konzeption:
R·M·E München / Roland Eschlbeck, Liana Tuchel
Umschlagmotiv: © Premium
ISBN 3-451-04782-9

# Inhalt

## III. Die Praxis

# Vorwort

Ein Jahrhundert ist zu Ende gegangen, das das "Jahrhundert des Kindes" hätte werden sollen. So jedenfalls wurde die Parole ausgegeben, als 1900 Ellen Keys Buch unter diesem Titel erschien. Man stellte dem 20. Jahrhundert als "Hauptaufgabe, die Erziehung gemäß der Eigentümlichkeit des Kindes zu gestalten." Inzwischen wissen wir, daß es ein Jahrhundert der Weltkriege, der Bedrohung und der Vernichtung wurde, aber keinesfalls ein Jahrhundert des Kindes. Im Umgang mit unseren Kindern scheint alles beim alten geblieben zu sein: Noch immer kämpfen die Eltern mit ihren Sprößlingen, die Lehrer mit ihren Schülern. Machtfragen, wohin wir sehen!

Zur gleichen Zeit schrieb Alfred Adler, der Begründer der Individualpsychologie, in seinem 1904 erschienenen Aufsatz "Der Arzt als Erzieher": "Ein nahezu unüberwindlicher Drang leitet den Erzieher, das Kind auf die eigene Bahn hinüber zu ziehen, es dem Erzieher unterzuordnen... Diesem Zwang erliegen alle, die sich des Zwangs nicht bewußt werden." Hinter diesem Zwang steht die irrige Meinung, das Kind sei von Grund auf egoistisch und faul, es müsse zu Leistungen, zur Anpassung an die Regeln des Zusammenlebens gezwungen werden, oder es sei noch zu dumm und ungeschickt und könne die Erfahrungen des rauhen Lebens nicht ertragen. Daß dem nicht so ist, wissen wir seit vielen Jahrzehnten: Das Kind will die Welt kennenlernen und sich mit ihr auseinandersetzen, es will in Familie und Schule seinen Beitrag zu gutem Zusammenleben leisten, es will lernen und ein vollwertiger Mensch werden, ohne daß es dazu gezwungen werden muß. Diese Erkenntnisse sind in Familie und Schule freilich viel zu wenig wirksam geworden. Noch immer sind wir uns als Eltern, Lehrer und Erzieher zu wenig bewußt, daß wir einem Drang unterliegen, uns das Kind "unterzuordnen". Obwohl wir doch alles besser machen wollen als damals unsere eigenen Eltern und Lehrer, erliegen wir immer wieder diesem "nahezu unüberwindlichen Zwang", alles besser zu wissen, dem Kind gar nicht zuzuhören, oder Verantwortung zu übernehmen und Erfahrungen abzuhalten, wo das Kind längst selbständig handeln kann und aus seinen vielleicht auch schmerzlichen und unangenehmen Erfahrungen mehr lernen würde, als aus unseren noch so gut gemeinten Reden und Erziehungsversuchen.

Unser unbewußtes Machtstreben hat vielerlei Facetten! Streit in Familie und Schule, Mißerfolge auf allen Seiten sind die Folge.

Die Autoren haben ein sehr praktisches Buch geschrieben, das uns in unserer erzieherischen Not Mut macht und konkrete Hilfe gibt. Es sucht, die unbewußten Hintergründe zu beleuchten, hilft uns dabei, uns selbst zu hinterfragen und uns bewußt zu machen, daß wir selbst Vertrauen ins Leben entwickeln müssen, wenn wir die Entwicklung unserer Kinder fördern wollen.

Die theoretischen Grundlagen der Individualpsychologie Alfred Adlers werden in der gebotenen Kürze aufgezeigt. Im Mittelpunkt stehen immer die praktischen Folgerungen. Die von Rudolf Dreikurs, einem Schüler Adlers, entwickelten Methoden, Erziehungsschwierigkeiten in ihrem Zusammenhang mit der Lebenssituation des Kindes zu verstehen und dann entsprechend richtig zu handeln, werden an vielen Beispielen aus dem erzieherischen Alltag lebensnah dargestellt. Viele konkrete Hilfen werden uns geboten.

Ich wünsche allen Lesern viel Vertrauen ins Leben und die Bescheidenheit, zu erkennen, daß wir den Boden bereiten dürfen, daß das Wachstum zu richtigem Leben aber in unseren Kindern angelegt ist. Wenn wir uns dessen mehr bewußt werden, können wir auf Machtansprüche verzichten und die Anregungen dieses Buches in der rechten Weise umsetzen.

Franz-Josef Mohr, Dipl.Psych.

# I. Die Theorie

*Drei Dinge sind uns aus dem Paradies
geblieben: Sterne, Blumen und Kinder.*
(Dante)

## Hoffnung

Wir glauben, daß Sie dieses Buch lesen, weil Sie gute Eltern sein möchten. Wir glauben auch, daß Sie in jeder Situation das Beste tun, was Sie im Rahmen Ihrer Möglichkeiten können. Ja, eine halbe oder eine ganze Minute später wissen Sie vielleicht, daß es falsch war, aber in dem Moment, wo die Reaktion stattfindet oder eine dringende Entscheidung gefällt wird, oder starke Gefühle Sie beherrschen, in dem Moment treffen Sie die beste Wahl, die Sie im Rahmen Ihrer beschränkten Wahlmöglichkeiten haben. Und Sie können sicher sein: Wenn jemand anderer sich in der gleichen äußeren und inneren Situation befinden würde, dann würde er genau die gleiche Entscheidung treffen.

Nein, wir haben nicht in jeder Situation die Möglichkeiten, so zu sein, wie wir gerne möchten. In Erziehungsangelegenheiten entscheiden wir so, wie es uns in dem Moment möglich ist - oder wie wir es im Rahmen unserer Wahlmöglichkeiten für richtig halten. Hätten wir mehr Wahlmöglichkeiten, würden wir mehr Alternativen kennen, dann könnten wir vielleicht noch andere Entscheidungen treffen. Aber auch dann, ..... die Erziehung ist ja auch ein Ausdruck Ihrer eigenen Persönlichkeit. Sie können ja nicht viel dafür, daß Sie geworden sind, so wie Sie sind. Sie haben sich ja Ihre Eltern und deren Erziehungsstil auch nicht ausgesucht. So haben Sie Ihre Ideen über Menschen, über Erziehung, über gut und schlecht, über Sexualität, über Leistung usw. mit in die Ehe gebracht. Sie sind wie Sie sind und tun im Rahmen Ihrer Möglichkeiten das Beste. Sie haben nicht immer die Wahl, sich als ideale Eltern zu verhalten.

Dieses Buch wird Ihnen mehr Wahlmöglichkeiten geben, so daß Sie das nächste Mal in einer ähnlichen Situation anders reagieren können als bis jetzt. Das eine Mal wird es Ihnen besser gelingen als das andere Mal. Man kann halt nicht in jeder Situation alles steuern, so wie man's im Nachhinein gerne gehabt hätte. Seien Sie nicht traurig, wenn Ihre Kinder sich nicht genau nach Ihren Vorstellungen entwickeln. Schließlich sind Sie ja wahrscheinlich auch nicht genauso geworden, wie Ihre Eltern Sie gerne haben wollten, und aus Ihnen ist ja schließlich auch 'was geworden.

Wir haben Ihnen eine hoffnungsvolle Sicht auf Kindererziehung zu bieten. Wir zeigen Ihnen an vielen Situationen aus der Praxis, was Sie anders machen können, wenn Ihre jetzige Art nicht die Früchte bringt, die Sie sich davon erhoffen. Es gibt keine Allheilrezepte für jede Situation, es gibt aber Ideen zum Weiterdenken. Ideen brauchen Sie, keine Rezepte. Wenn Sie eine Idee gut finden, so tun Sie nicht so viel. Beobachten Sie erst einmal ruhig, ob das, was Sie durch dieses Buch kennenlernen, wirklich stimmt. Und dann tun Sie das, was Sie als richtig erkannt haben. Nicht, was die anderen tun oder sagen, soll dann noch länger Ihre Richtschnur sein.

*Es ist Herbst, irgendwo im tiefsten Kanada. Ein weißer Siedler bereitet sich auf den Winter vor und geht früh am Morgen in den Wald, um Holz zu hacken. Um die Mittagszeit kommt ein Indianer vorbei.*
*"He! Indianer! Wie wird der Winter?"*
*Der Indianer: "Recht kalt!"*
*Der Siedler beschließt daraufhin, noch mehr Holz zu hacken. Gegen Abend kommt der Indianer erneut vorbei.*
*"Wie wird der Winter?" fragt der Siedler.*
*"Sehr, sehr kalt!" sagt der Indianer.*
*Den Siedler beunruhigt die Antwort etwas, und er geht am nächsten Morgen wieder in den Wald zum Holzhacken. Am Abend, der Siedler hat Unmengen Holz gehackt, kommt der Indianer.*
*"Indianer, wie wird das Wetter?"*
*"Unbarmherzig kalt!" antwortet der Indianer. "Gibt härtesten Winter seit Menschengedenken."*
*Fragt der Siedler: "Woher weißt Du das?"*
*"Nun," sagt der Indianer, "wenn weißer Mann so viel Holz hacken, Winter wird immer viel, viel kalt."*

## Das Grundbedürfnis der Menschen

Die zeitgemäße Erziehung baut auf die Individualpsychologie nach Alfred Adler und Rudolf Dreikurs auf. Alfred Adler (1870-1937) war der Grundleger dieser Psychologie. Rudolf Dreikurs (1897-1972) war sein bedeutendster Schüler. Die Individualpsychologie ist eine unter mehreren großen psychologischen Schulen, die das Denken in der westlichen Welt

10

beeinflussen. Die philosophische Idee, die therapeutischen Modelle und das pädagogische Konzept sind, obwohl in den 20er oder 30er Jahren entstanden, so gültig und so notwendig, wie nie zuvor. Die Erziehungsmethoden von Rudolf Dreikurs sind, unterstützt durch sein Erfolgsbuch "Kinder fordern uns heraus"[1] weltweit verbreitet und werden in vielen Familien mit Erfolg angewandt. Vielleicht können auch Sie sich für diese erprobte, respektvolle, demokratische Lebensweise begeistern.

Die Ausgangsthese der Individualpsychologie ist: **Der Mensch ist ein soziales Wesen.** Seine Zufriedenheit, sein Glück, sein Erfolg und seine Gesundheit hängen von gelungenen sozialen Beziehungen ab. Er findet diese sozialen Beziehungen in den Lebensaufgaben **Liebe**, **Arbeit** und **Gemeinschaft**. Die Lebensaufgabe **Liebe** umfaßt die Beziehung zum Lebenspartner, zu den eigenen Eltern und den eigenen Kindern. Die Lebensaufgabe **Arbeit** konfrontiert uns mit Beziehungen zu Vorgesetzten und Mitarbeitern, aber auch mit der Frage, wie fähig wir sind, uns mit ganzem Herzen für die Tätigkeit zu engagieren und diese nach der Arbeit auch wieder loszulassen, damit wir bereit werden, uns der Lebensaufgabe "Liebe" oder "Gemeinschaft" hinzugeben. Die Lebensaufgabe **Gemeinschaft** umfaßt alle sozialen Beziehungen, die nicht zu der Lebensaufgabe "Liebe" oder "Arbeit" gehören. Es geht dabei um die Beziehung zur Nachbarschaft, zu Freunden und Kameraden, zum Vereinsleben und zu allen anderen Menschen, denen wir hier oder dort begegnen. Der Begriff "Gemeinschaft" ist in der Individualpsychologie jedoch breiter gesteckt, als man oberflächlich annehmen würde. Es geht dabei nicht nur um die Menschengemeinschaft, sondern sie umfaßt die Beziehung zur Erde, zur Pflanzen- und Tierwelt. In der Erfüllung seiner Lebensaufgaben findet der Mensch auch den Sinn des Lebens. Es ist jedoch leicht zu erkennen, daß diese Lebensaufgaben eine Quelle des Leids, der sozialen Probleme, der Unordnung und der Krankheit bedeuten, wenn man sie nicht zufriedenstellend, d.h. sozial nützlich erfüllt.

## Das Ziel der Kindererziehung

Diese Grundgedanken bestimmen auch das **Ziel der Kindererziehung**. Kinder sollen mutige und fähige, auf Mitarbeit ausgerichtete Erwachsene werden. Sie sollen lernen, Verantwortung zu tragen, Ordnung zu halten. Sie sollen geduldige, freundliche Menschen werden, die durchhalten können, die mit Geld umgehen können, die ihre Zeit einteilen können, die

---

[1] Rudolf Dreikurs: Kinder fordern und heraus. Stutgart 1994

11

sich selbst und andere ermutigen können, und etwas von Gleichwertigkeit verstehen. Das sind keine zu hohen Ziele für die Welt von morgen. Dazu brauchen sie Zugehörigkeitsgefühl und eine Erziehungsmethode, in der diese Ziele von Anfang an eingebaut sind. Aber ohne ein Gefühl der Zugehörigkeit nützen die besten Erziehungsmethoden nichts. Wenn das aber in der Kindheit gelegt wird, sind sie als Erwachsener fähig, die drei Lebensaufgaben erfolgreich zu lösen. **Das ist es, was Menschen brauchen: Das Gefühl der Zugehörigkeit.**

Normalerweise fühlen sich Kinder von Anfang des Lebens an zugehörig, zu der Mutter und später zur Familie. Das Gefühl der Zugehörigkeit wird sich idealerweise unter dem Einfluß einer ermutigenden Erziehung erweitern auf die Kindergartengruppe, die Schulklasse, den Verein und schließlich die ganze Menschheit umfassen. Durch Ablehnung, Abwertung, Verwöhnung und Strafen geht Kindern und Erwachsenen das Zugehörigkeitsgefühl verloren. Wir sprechen dann von **ent**mutigten Menschen. Auf Kinder bezogen: **entmutigte Kinder sind störende Kinder.** So wird sich der Großteil dieses Buches mit der Frage beschäftigen, wie man Kinder ermutigen kann, so, daß sie als Erwachsene von morgen ihre Lebensaufgaben erfolgreich gestalten können.

## Die verlorene Macht

Es gab Zeiten - und Sie wissen es - wo Kindererziehung leichter war. Es hat sich weltweit viel verändert durch die zwei Weltkriege. Die Männer, die ihre Frauen und Familien verlassen mußten und nach dem Krieg nach Hause zurückkehrten, konnten ihren alten Platz nicht mehr einnehmen. Die Frauen in Deutschland, in den USA, in Kanada, in England, in Rußland und wo sonst noch auf der Welt, hatten gelernt, ihre Ärmel hochzukrempeln und - notgedrungen - allein mit der Erziehung der Kinder und allen anderen Aufgaben zurechtzukommen. Sie gingen nach Rückkehr der Männer nicht zurück zur Unterlegenheit und Küche. Der Prozeß des Erwachens, des Selbstbewußtseins und des Anspruchs auf Gleichberechtigung in der Frau war zu weit fortgeschritten. Rudolf Dreikurs ist der Meinung, daß in dem Maße, wie der Mann die Herrschaft über die Frau verlor, beide die Herrschaft über die Kinder verloren. Und der Prozeß der Gleichberechtigung ging weiter. Männer und Frauen, Schwarze und Weiße, Arbeitgeber und Arbeitnehmer, wir und die Ausländer, aber auch Erwachsene und Kinder sind gleichwertig. Die Gleichwertigkeit wird für die Praxis des Lebens von den früher unterlegenen Gruppen eingefordert. Die Idee setzt sich allmählich durch, aber wir haben keine ausgereiften Methoden beziehungsweise keine Tradition, woran wir uns für den gleichwertigen Umgang miteinander - und in diesem Falle für die Erziehung unserer Kinder - heute orientieren können.

Die Kindererziehung ist zur Zeit eine zu schwierige Aufgabe, als daß man sie ohne Fehler bestehen kann. Viele junge Eltern haben ein gutes Gespür für die veränderte Situation und sie erkennen, daß man Kinder nicht mehr zum Spuren bringen kann durch Druck, Kritik, Strafe und Kontrolle; aber da sie keine Alternativen kennen, die zu der heutigen demokratischer werdenden Zeit passen, geben sie ihnen zu viel Freiheit und werden schließlich zu Sklaven ihrer Kinder. In dem daraus entstehenden Machtkampf setzen sie doch wieder die überlieferten, aber wirkungslosen Methoden der Belohnung, des Strafens, des Kontrollierens und des Machtausübens ein. Schließlich erleben sie ihre Machtlosigkeit und müssen sich eingestehen, daß sie die Macht über ihre Kinder verloren haben.

Die Ratlosigkeit kann groß sein, wenn Kinder nicht aufstehen wollen, sich nicht anziehen wollen, ihre Zähne nicht putzen wollen, nicht essen wollen, nicht lernen wollen, zu spät nach Hause kommen oder ihre Hausaufgaben nicht machen wollen. Mit Strafen und Belohnen hilft man sich über die Runden, aber wirklich besser wird es in den seltensten Fällen. Noch ratloser steht man da, wenn Lügen, Stehlen oder Drogenmißbrauch ins Spiel kommen und diese Verhaltensweisen zu einem Machtkampf oder Zyklus der Vergeltung zwischen Eltern und Kindern führen. Man kann sich aufregen wie man will, aber man muß sich eingestehen: "Wir haben die Macht über unsere Kinder verloren. Machtkämpfe mit unseren Kindern können wir nicht gewinnen."

Wir sind gewohnt, mit Kindern und auch mit Untergebenen umzugehen unter Anwendung von **Strafe und Belohnung.** Dieses System stammt aus einer vergangenen Zeit. Es hat seine Wirkung als erzieherische Methode verloren. Kinder betrachten eine **Belohnung** nicht als eine Ehre, sondern sie sehen es als ihr gutes Recht.

Ein Freund von uns machte eine lehrreiche Erfahrung über die Nutzlosigkeit von Belohnung. Er gab seiner sieben Jahre alten Tochter Julie 15 Pfennige für jeden Tag, an dem sie ihr Zimmer aufräumte. Sie fand das eine wunderbare Idee und war ganz glücklich, daß sie ihr Bankkonto etwas auffüllen konnte. Das dauerte aber nur zwei Wochen. Eines Morgens kam Julie aus ihrem Schlafzimmer und erzählte ihrem Vater, daß sie ab jetzt 25 Pfennige für das Aufräumen ihres Zimmers haben wollte, denn sie hat inzwischen Erfahrung gewonnen und macht es jetzt schon besser als am Anfang. Vater gab nach, und eines Tages stellte er fest, daß Julie das Zimmer nicht aufgeräumt hatte, und daß ihr das offensichtlich auch gar nichts ausmachte. "Julie, Du bekommst heute nicht Deine 25 Pfennige, denn Du hast Dein Zimmer nicht aufgeräumt", sagte Vater in einem etwas unterdrückt verärgerten Ton. "Ach, ich habe inzwischen genug Geld, Vater", sagte Julie mit der Nase nach oben, "ich brauche die 25 Pfennige nicht mehr."

Vater wurde wütend und war sehr verärgert, denn er merkte, daß sein Belohnungssystem bankrott war.

Es gibt noch eine andere Falle, die mit dem Belohnungssystem verbunden ist. Kinder lernen nämlich schnell, daß man erst Unfug machen muß, um danach eine Belohnung zu bekommen. Wir arbeiteten mit einem begabten Jungen aus dem Gymnasium. Er stand kurz davor, aus der Schule rauszufliegen. Deswegen kam er zu uns. Als wir die Noten aus den letzten vier Schuljahren verglichen, stellten wir immer wieder fest, daß er im Laufe des Jahres schlechte Noten hatte und kurz vor dem Übergang in die nächste Klasse wieder einigermaßen gute Noten bekam. Wir fragten ihn, wie er sich das erkläre, und er sagte uns: "Als ich kurz davor war, in der 8. Klasse sitzenzubleiben, habe ich mich einige Zeit tüchtig angestrengt, denn meine Eltern haben mir das erste Mountainbike versprochen, wenn ich bessere Noten bringe. Ich hatte wieder gute Noten und habe das Mountainbike bekommen. In der nächsten Klasse habe ich es dann wieder so gemacht. Ich habe die Sachen einfach schleifen lassen, und als meine Eltern unruhig wurden, haben sie mir Versprechungen gemacht, daß ich mein erstes Mofa bekäme. Ich habe mich dann wieder angestrengt und habe die nächste Klasse geschafft."

In unserer Beratungspraxis und nach Gesprächen und Vorträgen in Schulen und bei anderen Zuhörern, bekommen wir immer wieder die Bestätigung, daß die oben erwähnte Geschichte kein Einzelfall ist. Kinder haben angefangen zu verstehen, daß es sich gut leben läßt mit der Grundeinstellung: "Ich tue gar nichts, es sei denn, es springt etwas für mich dabei heraus."

*"Wenn Strafen, Schlagen, Schimpfen oder Schreien helfen würden, dann hätte ich keine Arbeit."* (John M.Platt)

## Strafen und Belohnen

In unserer heutigen Zeit steigen Kinder, die bestraft werden, fast immer in einen Machtkampf ein. Sie tragen die unbewußte Sicherheit in sich, daß Strafe keine Erziehungsmethode mehr ist, daß es ungerecht und gegen die Gleichwertigkeit ist. Sie akzeptieren die Autorität der Erzieher, die Kinder zu bestrafen, nicht. Sie fordern einen respektvollen Umgang, Gespräche und Beteiligung am Entscheidungsprozeß. Wer Kinder schlägt, wird früher oder später zurückgeschlagen, so oder so, körperlich oder seelisch.

Die Methoden von Strafen und Belohnen haben ihre Wirkung verloren. Das wesentliche Problem von Strafen in der heutigen Zeit ist, daß Kinder glauben, wenn die Eltern das Recht haben sie zu bestrafen, sie dann auch das Recht haben, die Eltern zu bestrafen. Das führt schließlich zu Machtkämpfen und zu einem Rachezyklus, wo es keine Gewinner mehr geben kann. In unserer Familienberatung sehen wir Familien, die durch diese Kämpfe und gegenseitigen Bestrafungen völlig auseinandergerissen werden, und wo jeder jedes Register zieht mit dem Versuch zu gewinnen. Viele Eltern glauben noch, wenn sie nur strenger strafen, die Kinder "es" dann schließlich lernen werden. Aber wenn wir Eltern fragen, ob Schimpfen, Schlagen und andere Formen von Bestrafungen wirklich effektive Erziehungshilfsmittel sind, sagen sie normalerweise alle "nein". Ein Teil der Tragödie ist, daß die meisten Eltern selbst als Kind bestraft wurden.

Es hat uns beeindruckt, als eines Tages nach einem Vortrag eine Mutter - sozusagen als Ergänzung zu dem Thema "Die Nutzlosigkeit des Strafens" - folgende Geschichte erzählte:

"Ich habe einen 14 Monate alten Sohn, der immer wieder seine Finger in die Steckdosen steckt. Da ich nicht will, daß er sich selbst umbringt, gehe ich zu ihm hin, sage: "nein" und schlage ihm auf die Hand. Nachdem ich diese Methode eine Woche lang täglich angewendet hatte, ging ich wieder zu ihm, als er vor der Steckdose saß, um ihn in derselben Weise für sein Verhalten zu bestrafen. Bevor ich jedoch seine Hand schlagen konnte, schlug er mich. Ich war völlig schockiert und konnte überhaupt nicht glauben, daß mein Kind so etwas machen könnte. In meiner Entrüstung habe ich dann noch fester zugeschlagen. Es hat unsere Beziehung gestört, aber nicht sein Verhalten verbessert."

Können Sie sich vorstellen, was das für ein Kind sein wird, wenn es in der Pubertät ist? Wenn seine Mutter weitermacht, es so zu strafen?

Eine wirkungsvolle, gute Alternative für Strafen ist die Anwendung von logischen Folgen.

Die Individualpsychologie bietet eine demokratische Erziehung an, die die vernünftige Mitte zwischen Machtausüben und Gehenlassen möglich macht, und bereitet Kinder auf ein geordnetes Leben in einer geordneten demokratischen Gesellschaftsstruktur der Zukunft vor. Mit Demokratie ist nicht das politische System, sondern die innere Haltung der Gleichwertigkeit und des respektvollen Umganges mit allen Menschen, Kindern und Erwachsenen gemeint. Es ist dieser Respekt, der überall auf der Welt eingefordert wird, von den Schwarzen, von den Arbeitern, von den Frauen, von den Kindern, von den Gläubigen der großen Konfessionen, von den Ausländern. Sie alle fordern das Ende der Bevormundung und die Beteiligung an Entscheidungsprozessen. Wie das ganz konkret in der Kindererziehung geht, lesen Sie in Teil II und III.

## Unsere eigenen Fehler = unsere Unwissenheit

Ja, unsere Fehler in der Kindererziehung beruhen auf Unwissenheit. Und der weitreichendste Fehler ist unsere Fehlerbezogenheit. Wenn alles gut geht, tun wir nichts, wenn aber jemand einen Fehler macht, dann reagieren wir darauf. Wir glauben einfach nicht, daß Kinder und Erwachsene ihre eigenen Fehler entdecken können und es auch besser machen wollen. Hier ist eine willkürlich herausgegriffene Anzahl von Fehlern, die Sie bestimmt alle kennen:

Meckern, Nörgeln, Kritisieren, Predigen, Drohen, Versprechungen machen, Bestechen, Beklagen, Vergleichen, unnötig Helfen, zuviel Reden, Schuldgefühle machen, Warnungen oder Hinweise wiederholen, keine Zeit haben, Abwerten, Schlagen, Verwöhnen, Verantwortung abnehmen, Machtkämpfe, Erpressen, Übersehen, Ignorieren, Strafen und Belohnen usw.

Wir betrachten sie als Unwissenheitsfehler. Es gibt ganz klare bessere Möglichkeiten, die Sie bestimmt anwenden wollen, wenn Sie sie kennengelernt haben. Wir brauchen die oben beschriebenen Arten des Verhaltens nicht mehr.

> *„Was sind das für Kinder, die Nägel kauen?"*
> *„Das sind Kinder von Eltern, die nicht wollen,*
> *daß ihre Kinder Nägel kauen."*
> (Rudolf Dreikurs)

## Die Falle der Fehlerorientierung

Wenn Sie es für falsch halten, daß sich ein Kind an seinem Knie kratzt, dann warten Sie einfach, bis es das macht und sagen Sie dann, daß es das nicht machen soll. Vielleicht zieht das Kind seine Hand zurück, aber irgendwann wird es wieder an seinem Knie kratzen, weil es dort zufällig juckt. Sagen Sie dann wieder, es soll das nicht machen. Dann fängt es schon an, das interessant zu finden und es wird bald wieder an seinem Knie kratzen. Dann schlagen Sie es auf die Hand.

Wenn Sie es nicht für richtig halten, daß ein Kind an seinem Daumen lutscht oder in seiner Nase bohrt, dann machen Sie genau das gleiche. Wenn Sie sich Sorgen machen, wenn Ihr Kind anfängt zu stottern, dann warten Sie, bis es Wörter wiederholt und dann sagen Sie, daß es das nicht machen soll oder daß es ruhiger sprechen und erst nachdenken soll. Sie werden kurzfristige Erfolge bemerken, aber nach einiger Zeit stellen Sie fest, daß das Kind wieder Daumen lutscht, Nase bohrt oder stottert. Sie können es dann wieder korrigieren usw.

Verstehen Sie? Das ist die Art, ein kniekratzendes, daumenlutschendes, nasebohrendes, stotterndes Kind zu erziehen. Das allerschönste, was Kinder bekommen können, ist Aufmerksamkeit. Warten Sie also, bis das Kind einen Fehler macht, und reagieren Sie darauf. Mit großer Sicherheit entwickelt das Kind diese Verhaltensweisen dann weiter und Sie bekommen genau das, was Sie nicht haben wollten.

Warum sprechen wir von der Falle der Fehlerorientierung?

Im Grunde stellen die Kinder uns eine Falle. Sie lassen uns durch ihre Reaktion glauben, daß das, was wir sagen oder tun, einen Nutzen hat. Wenn das Kind an seinem Knie kratzt und Sie sagen: "Laß' das!" dann läßt das Kind es auch, und das gibt uns eine kurzfristige Befriedigung, und wir glauben, daß unsere Bemerkung genutzt hat. Wenn Sie ein Kind, das mit dem Ziel Aufmerksamkeit zu bekommen, anfängt zu stottern und Sie sprechen ermahnend mit ihm, dann hört das Kind mit dem Stottern auf. Logisch, denn es hat ja sein Ziel erreicht, und Sie glauben deswegen, daß Ihre Bemerkungen nützlich sind. Wenn Sie aber auf längere Sicht die Entwicklung beobachten, dann sehen Sie, daß in dem Verhalten überhaupt keine Fortschritte zu erkennen sind. Das Kind macht es immer wieder ... und immer gezielter. Die Orientierung am Fehler und die daraus hervorgehende Kritik, das Nörgeln, das Meckern, das Belehren usw. führen in eine Sackgasse. Deswegen sprechen wir von der Falle der Fehlerorientierung.

Es gibt andere Möglichkeiten: Wenn man sich nicht in eine Kampfbeziehung mit den Kindern reinziehen läßt, sondern freundlich und fest bei Vereinbarungen bleibt, können Kinder aus dem Kampf allmählich zu der Frage kommen. "Was will ich selbst eigentlich?" Wenn es nichts mehr zu kämpfen gibt, ist der Spaß daran bald verloren.

# Was lehrt uns unsere eigene Erfahrung?

Sich zugehörig fühlen ist eine notwendige Voraussetzung, um mutig und kreativ beizutragen, und zwar für alle Menschen, Kinder und Erwachsene. Wir haben viele Erwachsene gefragt, ob sie am Arbeitsplatz das Gefühl kennen, **nicht dazuzugehören**.[2] Wenn sie "ja" sagten, haben wir folgende sechs Fragen gestellt. Die Antworten sind bewegend, es sind die Antworten, die auch Kinder geben.

Wir beschränken uns hier auf einige wichtige Aussagen:

1. **"Wie fühlen Sie sich dann körperlich?"**
   Sie antworteten:
   "Angespannt." "Ich habe Druck im ganzen Körper."
   "Ich fühle mich unruhig, müde und faul."

2. **"Wie fühlen Sie sich dann emotional?"**
   Sie antworteten:
   "Ich fühle mich traurig."
   "Ich fühle mich ängstlich."
   "Ich fühle mich aggressiv."
   "Ich fühle mich verbissen."
   "Ich fühle mich unsicher."
   "Ich fühle mich dumm."

3. **"Was denken Sie dann?"**
   Sie antworteten:
   "Ich denke, mir ist alles egal."
   "Was habe ich doch wieder falsch gemacht?"
   "Ich bin hier fehl am Platz."
   "Die können mich' mal."
   "Laß' mich bloß in Ruhe."
   "Ich kann das nicht."
   "Das ist mir zu viel."

4. **"Was tun Sie dann?"**
   Sie antworteten:
   "Ich ziehe mich zurück."
   "Ich rede kaum."

---

[2] Wir danken unserem Mitarbeiter Norbert Hildebrand, der über sein Institut für Consulting,Training and Coaching, 40789 Monheim, die Befragung durchführte.

"Ich habe keine eigenen Ideen."
"Ich mache nur das Allernötigste."
"Ich bin gereizt."
"Ich verhalte mich ablehnend und schlecht gelaunt."

**5. "Wie erleben Sie dann die anderen?"**
Sie antworteten:
"Ich erlebe sie als abweisend, lästig, gemein und fremd."
"Sie sind weit weg."
"Ich sehe nur feindliche Augen."

Natürlich haben wir auch die andere Frage gestellt:
"Kennen Sie das Gefühl, am Arbeitsplatz **dazuzugehören?**", und wenn sie "ja" sagten, haben wir gefragt:

**1. "Wie fühlen Sie sich dann körperlich?"**
Sie antworteten:
"Ich fühle mich fit."
"Ich bin belastbar."
"Ich fühle mich aktiv."
"Ich fühle mich 10 cm größer."
"Ich bin gut drauf."

**2. "Wie fühlen Sie sich dann emotional?"**
Sie antworteten:
"Ich fühle mich glücklich."
"Ich bin wißbegierig."
"Ich bin voller Energie."
"Ich werde gebraucht."
"Ich bin voller Tatendrang."
"Es ist, als ginge die Sonne auf."

**3. "Was denken Sie dann?"**
Sie antworteten:
"Ich bin froh, daß ich hier bin."
"Ich bin hier wie zu Hause."
"Ich bin offensichtlich okay."
"Meine Meinung ist gefragt."
"Ich werde gebraucht."
"Ich frage mich: 'Wie kann ich meine Fähigkeiten für andere ein-
setzen?'"

**4. "Wie verhalten Sie sich dann?"**
Sie antworteten:
"Ich bin dann hilfsbereit."
"Ich kann mich gut konzentrieren."
"Ich bin aufmerksam für das, was um mich herum passiert."
"Ich gehe auf andere ein."
"Ich setze mich voll für meine Aufgabe ein."
"Ich bin humorvoll."

**5. "Wie erleben Sie dann die anderen?"**
Sie antworteten:
"Ich erlebe die anderen als liebenswert."
"Ich erlebe die anderen als sympathisch und entgegenkommend."
"Ich glaube, daß sie mich brauchen."
"Ich erlebe, daß sie mir zuhören und Interesse für mich haben."

Ist das nicht umwerfend? Ist das nicht bedrückend und beglückend? Die Antworten - die negativen und die positiven - kommen nicht von zwei verschiedenen Gruppen. Es sind dieselben Personen.

Diese Antworten geben nur eine kleine Auswahl aus einer Umfrage unter 300 Erwachsenen wider. Hieraus können Sie doch leicht erkennen, wie mangelndes Zugehörigkeitsgefühl schwächt und Unfrieden stiftet, und wie ein gutes Zugehörigkeitsgefühl Kraft gibt und Zusammenarbeit fördert. Stellen Sie sich vor, Sie könnten Ihre Kinder dahin führen! Sie können! Wir zeigen Ihnen den Weg.

**Die 6. Frage** in der Untersuchung über die **Abwesenheit** des Zugehörigkeitsgefühls bei Erwachsenen gibt Ihnen schon einige Antworten für Ihre Kinder. Sie lautete: **"Was können andere tun, wenn Sie sich nicht zugehörig fühlen?"**
Sie antworteten: Auf mich zukommen. Lächeln. Eine einladende Geste machen. Einen freundlichen Blick senden. Mich mitmachen lassen. Sich mir zuwenden. Ein Handschlag - oder wenn es passen würde, eine Hand auf meine Schulter. Mich einbeziehen. Mit mir sprechen. Mich hereinholen. Mich aufwerten. Meine Leistungen anerkennen. Meine Fortschritte anerkennen. Meine Ideen ernstnehmen. Interesse für mich zeigen. Mir zuhören. Mir Signale vermitteln, die ausdrücken "gut, daß Sie da sind." Mich bei meinem Namen nennen. Ein bißchen Humor.

Auch Sie hätten diese Antworten geben können. Sie stammen aus der Schule unserer eigenen Erfahrungen als Erwachsene. Wenn wir uns nicht zugehörig fühlen, fühlen wir uns entmutigt, und wenn wir uns entmutigt fühlen, fühlen wir, daß wir nicht dazugehören.

Jeder weiß, daß Entmutigung nicht gut ist und jeder weiß, was entmutigend wirkt, und trotzdem verhalten wir uns anderen gegenüber eher entmutigend als ermutigend. So haben wir es gelernt. So sehen wir es um uns herum. So sehen wir es im Fernsehen. So lesen wir es in den Zeitungen. Es ist der Stil unserer Gesellschaft.

Er- und Entmutigung sind die Schalen an der Waage des Zugehörigkeitsgefühls. "Was wirkt ermutigend? Was wirkt entmutigend?" sind Fragen, die wir Eltern in unserem Encouraging-Training für Eltern stellen. Sie geben folgende Antworten:

| *Ermutigend wirkt:* | *Entmutigend wirkt:* |
|---|---|
| anlächeln | strafender Blick |
| freundliche Geste | den Körper abwenden |
| freundlicher Blick | "immer machst Du es falsch" |
| sich dem Kind zuwenden | sich enttäuscht zeigen |
| "danke schön" | immer wieder neue Forde- |
| "das klappt schon" | rungen stellen |
| Interesse zeigen | "das klappt nie" |
| kleine Fortschritte anerkennen | auf Fehler aufmerksam machen |
| Unterstützung und Begleitung | und das Gute übersehen |
| in schwierigen Situationen | sich ängstlich zeigen |
| Freude haben und Spaß | verwöhnen |
| machen | Bemühungen nicht ernst- |
| zuhören und mitfühlen | nehmen |
| das Kind akzeptieren, so wie | Gleichgültigkeit und Auslachen |
| es ist | Desinteresse |
| Gedanken des Kindes ernst- | Druck ausüben |
| nehmen | bloßstellen |
| das Kind fragen, ob es | überfordern |
| Lösungen hat | laute Stimme |
| in den Arm nehmen | schimpfen |
| | schlagen |
| | meckern |
| | nörgeln |
| | kritisieren |

Wollen wir uns für Ermutigung entscheiden und Zugehörigkeitsgefühl aufbauen? Ob man das lernen kann? Ja, man kann!

# Mehr über das Zugehörigkeitsgefühl

In der Umfrage über Zugehörigkeitsgefühl im Beruf konnten wir lesen, daß Menschen, die sich im Beruf **nicht** zugehörig fühlen, nervös und angespannt sind, daß sie körperliche Beschwerden wie Magenschmerzen, Kopfschmerzen, Nackenschmerzen und Herzrhythmusstörungen haben, daß sie feuchte Hände haben und Unlust spüren. Auf der emotionalen Ebene zeigen solche Erwachsenen Angst vor Fehlern; sie sind unzufrieden und unruhig. Sie fühlen sich unsicher und haben Selbstzweifel. Sie fühlen sich dumm und traurig und erleben sich als Außenseiter. Sie haben Gedanken, die Abstand schaffen, wie:
"Die wollen mit mir nichts zu tun haben" und
"das ist zu viel für mich, ich habe keine Lust mehr",
und ziehen sich dann in sich zurück, sind schüchtern, warten ab, sind verschlossen, suchen woanders Anerkennung, machen nur das Allernötigste, sind desinteressiert und leicht gereizt bis aggressiv.

*Wir haben keinen Grund zu glauben, daß unsere Kinder das Fehlen des Zugehörigkeitsgefühls anders erleben als die Erwachsenen!*

Der Erwachsene weiß, daß er zu diesem Arbeitsplatz gehört. Das ist vertraglich geregelt, aber das ist bedeutungslos, wenn er sich nicht zugehörig **fühlt**.

Die Zugehörigkeit des Kindes zur Familie ist objektiv gegeben, aber ob es sich zugehörig **fühlt**, ist abhängig von der Meinung, die es sich bildet über den Platz, den es hat.

Kinder, die sich angenommen fühlen, wollen beitragen, wollen helfen, wollen Mutter die Wäscheklammer reichen, wollen putzen, wollen auch einen Besen, wollen dem Geschwister eine Windel anziehen, Vater helfen, wenn er ein Gemälde aufhängt usw. Kinder bieten in vielfältiger Weise ihre Hilfe an. Manche Eltern können dieses Angebot in den Ablauf des täglichen Lebens sinnvoll integrieren, aber in den meisten Familien herrschen Streß, Hast und "keine Zeit". Hilfsangebote von Kindern werden dann eher als lästig betrachtet. Wir sind in einer relativ kurzen Zeit von einer mehr landwirtschaftlich orientierten Gesellschaft, wo wir nicht ohne Kinder leben konnten - wo es halt kein Frühstück gab, wenn nicht jedes Kind seinen Anteil dazu beigetragen hätte, wenn nicht das eine Kind Holz geholt hätte, das andere die Eier unter den Hühnern weggeholt hätte, das dritte für Wasser gesorgt hätte, - gekommen zu der heutigen Zeit, wo es heißt: "Stör' mich nicht! Geh' weg, geh' Fernseh' schauen oder geh' spielen!" Es ist für Kinder sehr schwierig, sich zugehörig zu fühlen, und es ist offensichtlich für Eltern schwierig, die richtige Haltung für die kindliche Integration zu finden. Es braucht uns aber nicht zu wundern, daß Kinder beim Nachbarn gerne helfen und alles essen, was es gibt und zu Hause nicht.

Das Zugehörigkeitsgefühl ruht auf zwei Säulen:

| Zugehörigkeitsgefühl | |
|---|---|
| Annehmen<br><br>Vertrauen<br><br>Glauben | Helfen lassen<br><br>Mitdenken lassen<br><br>Mitsprechen lassen<br><br>Verantwortung mittragen<br>lassen |
| **Säule A**<br>**Der Mensch** | **Säule B**<br>**Das Verhalten** |

Die A-Säule bezieht sich auf das **Sein** des Kindes und die B-Säule auf sein **Verhalten**. Sie können viel tun, um die A-Säule aufzubauen, indem Sie dem Kind signalisieren, daß Sie es lieben. Das tun Sie, wenn Sie ihm zeigen, daß Sie glücklich sind, daß es ein Mädchen oder ein Junge ist, aber in jedem Fall, daß es Ihr Kind ist. Das tun Sie, wenn Sie ihm vermitteln: "Du bist Du, und so wie Du bist, bist Du gut genug. Du hast hier bei uns Deinen Platz." Das tun Sie, wenn Sie auf das Kind schauen wie auf ein Bergwerk reich an Edelsteinen von unschätzbarem Wert. Das tun Sie auch, wenn Sie das Kind freundlich anschauen, wenn Sie mit einer freundlichen Stimme sprechen, ihm zuhören, einen Körperkontakt herstellen, begeistert seine Fortschritte unterstützen, wenn Sie Spaß mit ihm machen. Ja, die A-Säule beinhaltet all das, womit Sie das Kind aufwerten, ohne daß es dafür etwas getan hat.

Wenn Kinder sich in dem Sinne zugehörig fühlen, dann wollen sie ja auch helfen. Kinder sind soziale Wesen und sie werden sozial konstruktiv beitragen, wenn die A-Säule steht. Dann wollen sie mithelfen, mitdenken, mitsprechen, Verantwortung mittragen, dann wollen sie etwas leisten, dann wollen sie lernen, dann können sie auch auf etwas verzichten, wenn sie nur merken, daß sie gebraucht werden. Da können Sie viel beitragen, indem Sie die Hilfe und die Beiträge und die Ideen des Kindes ernst nehmen. Wenn Sie ihm signalisieren: "Ich glaube an Dich und Du schaffst das schon!" Wenn Sie seine Versuche und Fortschritte ermutigen.

So entsteht - und wir sahen das ja auch in der Umfrage - Schaffenskraft, Leichtigkeit, Kreativität, Selbstvertrauen, Optimismus, Gleichwertigkeit. Es ist, als ob unser bestes Potential angezapft wird.

Wenn Ihnen nun das Verhalten des Kindes in der B-Säule nicht gefällt, dann können Sie Anweisungen geben, korrigieren, notfalls auch tadeln, aber lassen Sie die A-Säule stehen! Sie drückt die positive Beziehung aus. Man braucht in allen Lebensaufgaben eine gute Beziehung zu den Menschen, um sie führen zu können. Kinder lernen nicht von Menschen, die sie nicht mögen. Erwachsene auch nicht.

Marita, Mutter von zwei Kindern, hört folgendes Gespräch zwischen den beiden Kindern Jona (4) und Ludwig (8).

Die Situation: Jona macht etwas, was Ludwig so nicht haben will. Er sagt ihr (sehr ungeduldig), daß sie aufhören soll. Jona macht weiter. Ludwig: "Jona, Du hörst immer nicht, was ich Dir sage!" Jona: "Du sagst es auch nicht richtig." Ludwig: "Wie soll ich es denn sagen, damit Du es hörst?" Jona: "Friedlich und schön."

Wenn Sie die A-Säule wegnehmen und das Kind sich abgelehnt fühlt und glaubt, daß es keinen Platz hat, dann erlebt es das schmerzlichste, niederdrückendste aller Gefühle, nämlich allein, isoliert und wertlos zu sein. Das ist eine existenzielle Entmutigung, die bei Erwachsenen und Kindern zu Resignation, Aggression, Unfällen und Krankheiten führt. Wenn die A-Säule fehlt, dann wollen wir nicht, wir werden widerspenstig oder arbeiten nur widerwillig. Wir ziehen uns aus der Affäre und denken, das sollen doch die anderen machen. Mit einer wohlgemeinten Umarmung können Sie jede A-Säule stabilisieren.

Die A-Säule stehen lassen heißt schließlich auch, nicht impulsiv reagieren, sondern erst beobachten und nachdenken und dann erst handeln. Fragen Sie sich beim Beobachten und Nachdenken: "Was passiert da genau? Was will das Kind damit erreichen? Was kann ich tun? Was ist das Kind mir wert?" Dadurch werden Sie milder und können eher das Richtige tun.

*Der Schulrat fährt mit einem Moped zur Schul-
inspektion. Kurz vor dem Zielort bleibt das
Gefährt stehen, trotz aller Bemühungen kommt
der Motor nicht wieder in Gang. Schließlich
kommt ein Junge vorbei und fragt: "Kann ich
Ihnen helfen?" - "Ich weiß nicht, mein Moped
springt nicht mehr an." Der Junge schaut sich
das Rad an, nimmt die Zündkerze heraus, säu-
bert sie, setzt sie wieder ein und läßt den Motor
an. "Toll, du bist ein tüchtiger junger Mann",
lobt ihn der Schulrat. "Gehst du auch zur
Schule?" - "An sich schon, aber heute soll ich
zu Hause bleiben, hat mein Lehrer gesagt, weil
der Schulrat kommt und ich der Dümmste in
der Klasse bin."*

## Kinder bilden sich ihre Meinung

Die Meinung, die wir uns bilden, ist die Grundlage für die Art, wie wir
uns verhalten. Wenn ich die Meinung habe, daß Sie gefährlich sind, dann
habe ich Angst oder bin aggressiv. Ich gehe Ihnen aus dem Wege oder
greife Sie an. Bei genauerem Hinschauen hätte ich vielleicht feststellen
können, daß Sie ein friedliebender Mensch sind, und daß ich mir eine
falsche Meinung gebildet habe. Es geht aber nicht um die sogenannte
Wirklichkeit, sondern um meine ganz persönliche Meinung. Diese bestimmt, wie ich mich verhalte.

Wenn ein Kind sich die Meinung gebildet hat, daß es nicht dazugehört
und daß es das böse Kind ist, dann wird es sich so verhalten, daß Sie es
kritisieren, schimpfen oder schlagen. Dadurch wird es in seiner Meinung,
daß es ein böses Kind ist, bestärkt.

Wenn Sie am Abend in Ihr halbdunkles Schlafzimmer hineinkommen
und meinen, daß da ein großes Tier auf Ihrem Bett sitzt, dann verhalten
Sie sich so, als wäre es Wirklichkeit, auch wenn Sie, nachdem Sie das
Licht eingeschaltet haben, feststellen, daß Ihr Partner eine Anzahl Dek-
ken und Kleider auf Ihrem Bett abgelegt hat.

Es ist egal, ob ein Kind intelligent ist oder nicht. Wenn es glaubt, daß
es dumm ist, dann wird es sich so verhalten, als wäre es wirklich dumm.

Erziehung hat als Ziel zu helfen, daß das Kind sich gute Meinungen
von sich, von seinen Mitmenschen und von den Aufgaben des Lebens
bildet. Wenn Sie nach diesem Kapitel dazu kommen zu glauben, daß Ihr
Kind sich falsche Meinungen gebildet hat und dadurch ein "lästiges

Kind" ist, dann werden Sie aufhören, das Verhalten zu bestrafen und alles daransetzen, die Meinung des Kindes über sich selbst zu ändern.

Klaus ist Teilnehmer in einer unserer Ausbildungsgruppen zum individualpsychologischen Berater. Er hat eine Tochter, die ihm Kummer macht, weil sie aus ihrem Zimmer einen "Schweinestall" macht. Sonst ist er mit der Tocher sehr zufrieden, und er liebt sie auch sehr. Er ist Alleinerzieher. Nachdem er mehr über Ermutigung und über Meinungsbildungen der Kinder verstanden hat, kommt ihm folgende Idee: "Es kann ja sein, daß meine Tochter sich die Meinung gebildet hat, daß sie ein unordentliches Kind ist. Das ist im Grunde das, was ich ihr immer wieder sage. Andererseits hat sie ja auch viele Qualitäten, die auf Ordnung hinweisen. Das will ich jetzt mal untersuchen." Als er sie am nächsten Tag mit dem Wagen von der Schule abholt, fragt er sie unvermittelt: "Claudia, glaubst Du, daß Du ein unordentliches Kind bist?" "Ja." "Wie kommst Du denn darauf?" "Du meckerst ja immer mit mir, daß ich so unordentlich bin." "Claudia, da muß ich Dir mal was sagen: Es tut mir leid, daß ich immer mit Dir meckere wegen Deines Zimmers und Dir den Eindruck gegeben habe, daß Du ein unordentliches Kind bist. Ich habe darüber nachgedacht, und ich stelle fest, daß Du ein ordentliches Kind bist. Schau' mal, wie Du Dich anziehst, Dich kleidest, das ist ein Zeichen, daß Du ordentlich bist. Schau' mal, wie Du Deine Hände gewaschen und Deine Nägel sauber hast, das ist ein Zeichen, daß Du ordentlich bist. Auch wenn wir gemeinsam essen, bist Du ordentlich. In Deinen Heften sehe ich eine ordentliche Schrift, und auch die Art, wie Du sprichst, ist sehr ordentlich. Ich muß Dir sagen, Du bist ein ordentliches Kind, nur Dein Zimmer ist unordentlich."

Eine Woche später erzählt Klaus folgendes: "Ob Ihr es glaubt oder nicht, meine Tochter hat angefangen, ihr Zimmer aufzuräumen, und ich habe aufgehört mit ihr zu meckern. Ich sage ihr aber immer wieder, ohne aufdringlich zu sein, wenn ich etwas feststelle, was in ihrem Verhalten ordentlich ist. Ich sage mit einer spezifischen Ermutigung: 'Du bist ein ordentliches Kind, denn ich sehe, Du hast Deine Schuhe geputzt' usw.... Einige Monate später berichtet er auf unsere Nachfrage: "Ja, das Zimmer ist immer noch einigermaßen in Ordnung; nicht genau nach meinen Maßstäben, aber das muß ja auch nicht sein. Es ist in Ordnung so."

Beatrix, 7 Jahre alt, ist ein "lästiges" Kind. Sie schreit bei jeder Kleinigkeit, schimpft mit dem älteren Bruder, schlägt die Mutter und macht der Lehrerin das Leben sehr schwer. Sie sagte vor einigen Wochen: "Ich glaube, aus mir wird nichts mehr!" Das brachte die Mutter zur Beratung. Sie bekam den Rat, Versuche und bewußt oder zufällig gemachte Fortschritte mit Anerkennung zu belegen und in seltenen Fällen einfließen zu lassen: "Aus Dir wird noch 'mal was!" Gerade gestern, ein Tag vor der letzten Beratungssitzung, sagte Beatrix, indem sie sich an die Mutter kuschelte: "Mutter, ich glaube, ich komme doch noch in den Himmel."

## Die 4 Nahziele des störenden Verhaltens bei Kindern

Rudolf Dreikurs[3] hat einen großen Beitrag geliefert, indem er erkannt hat, daß kindliches Verhalten eines der folgenden 4 Ziele zuzuordnen ist.

Er nennt sie Nahziele, weil sie naheliegende Bedürfnisse des Kindes befriedigen. Sie sind zwar eine Notlösung in der gegebenen Situation, stellen aber trotzdem in Grundgefühl des Kindes, nicht dazuzugehören, eine kurzdauernde Befriedigung dar. Hier sind sie:

1. Das Kind sucht über Gebühr *Aufmerksamkeit*. Das irritiert uns. Wir reagieren mit Aufmerksamkeit, positiv oder negativ.
2. Das Kind sucht den *Machtkampf* mit uns. Wir fühlen uns herausgefordert und steigen in den Machtkampf ein.
3. Das Kind *rächt* sich und kränkt uns. Wir fühlen uns verletzt und wollen es in irgendeiner Weise auch verletzen.
4. Das Kind *demonstriert seine Unfähigkeit* und will alleingelassen werden. Wir fühlen uns hilflos und lassen das Kind alleine.

Diese Ziele des Kindes: Aufmerksamkeit / Macht / Rache / Rückzug und unsere eigenen spontanen Reaktionen darauf, kommen in bestimmten Situationen vor. Wir können aber leicht erkennen, daß unsere spontanen Reaktionen wenig hilfreich sind, da sie dem Kind genau das geben, was es unbewußt beabsichtigt. Warum soll es mit dem Störverhalten aufhören, wenn es das bekommt, was es haben will, nämlich Aufmerksamkeit, Machtkampf, Rache, bzw. Alleingelassenwerden. Erkennen wir das Ziel des kindlichen Verhaltens, so können wir das Umgekehrte beziehungsweise das Unerwartete tun, anstatt das Kind in seiner Meinung zu bestärken.

Wenn das Kind glaubt, daß es ein ungeliebtes Kind ist und nur noch Bedeutung haben kann, wenn es mit Ihnen kämpfen kann, dann helfen

---

[3] Rudolf Dreikurs präsentierte diese Ideen zum ersten Mal auf dem ersten Weltkongreß der Psychiatrie in Paris 1950. Danach sind sie in mehreren seiner Werke erschienen, u.a. in: Psychologie im Klassenzimmer. Stuttgart 1968; und: Kinder fordern uns heraus. Stuttgart 1994

Sie dem Kind, wenn Sie gerade nicht in diesen Machtkampf einsteigen, sondern ihm bei einer günstigen Gelegenheit signalisieren, daß Sie es mögen. Kinder können in der Verfolgung dieser Ziele sehr hartnäckig und eine große Prüfung für die Eltern sein, und trotzdem sollen Sie bedenken, daß es keine bösen oder schlechten Kinder sind, sondern entmutigte Kinder. Sie haben eine schlechte Meinung von sich selbst. Sie fühlen sich nicht zugehörig und glauben nicht, daß sie in einer nützlichen Weise beitragen und Bedeutung haben können. Deshalb verhalten sie sich so, und in diesem Wissen liegt auch Ihre Chance.

Schauen Sie sich erstmal die nachfolgende Kurzfassung der 4 Nahziele des fehlerhaften Verhaltens des Kindes und das danach folgende Schaubild mit den gesamten Reaktionen zu diesem Thema an.

Das Kind, das *Aufmerksamkeit* erregt, will beachtet werden. Es erreicht dieses Ziel oft durch: Unfug, Clownerien oder Faulheit. Es unterbricht Gespräche, es strebt nach Beifall, stellt andauernd Fragen, belästigt andere, "hängt an Mutters Schürze", fordert Erklärungen, stottert, kurz: es stört, es geht uns auf die Nerven.

Es ist, als ob **das Kind glaubt**: "Ich kann mich nur zugehörig fühlen und Bedeutung haben, wenn ich Aufmerksamkeit bekomme, und wenn die anderen sich mit mir beschäftigen."

**Der Erwachsene fühlt** sich irritiert und verärgert und schenkt dem Kind damit extra Aufmerksamkeit. Das Kind hat mit seinem störenden Verhalten Erfolg.

In der hiernach folgenden Tabelle finden Sie unter dem Ziel "Aufmerksamkeit" auch einige Äußerungen über das entmutigte Kind, das nicht stört, sondern sich angepaßt verhält und danach strebt, sich perfekt und wie aus dem Ei gepellt zu verhalten. Die Eltern sind stolz auf diese Kinder und erkennen selten, daß das Kind sich nicht zugehörig und nicht gut genug fühlt.

Das Kind, das andere in einen *Machtkampf* verwickeln will, sucht Überlegenheit und will zeigen, daß es der Stärkere ist beziehungsweise daß man es nicht zwingen kann, etwas Bestimmtes zu tun. Es will tun, was es will. Es erreicht dieses Ziel oft durch Ungehorsam, Widerspenstigkeit, Wutausbrüche, Trödeln, Provozieren, Rechthaberei, Unordnung, trotziges Verhalten.

Es ist, als ob **das Kind glaubt**: "Ich kann mich nur noch zugehörig fühlen und Bedeutung haben, wenn ich tue, was ich will!"

**Der Erwachsene fühlt** sich in seiner Autorität bedroht und steigt in den meisten Fällen in dieses Angebot zum Machtkampf ein. Selten haben Eltern das Gefühl, daß sie diesen Kampf gewinnen. In den meisten Fällen bleibt das Kind Sieger und hat erreicht, was es wollte: "Ich tue beziehungsweise ich bekomme, was ich will!"

Das Kind, das das Ziel *Vergeltung* oder Rache anstrebt, will anderen wehtun. Es erreicht dieses oft, indem es andere und/oder sich selbst verletzt. Es quält Tiere, es stiehlt, es zerstört - heimlich oder offen - die Sachen anderer, es blamiert die Eltern, es näßt ein.

Es ist, als ob **das Kind glaubt:** "Ich fühle mich von Euch verletzt und kann mich nur zugehörig fühlen und Bedeutung haben, wenn ich Euch beziehungsweise andere verletze, so wie ich selbst verletzt wurde."
**Der Erwachsene fühlt** sich verletzt und spürt Wut und Haß auf das Kind. Es hat sein Ziel erreicht. Es hat sich gerächt.

Das Kind, das den *Rückzug* antritt, will alleine beziehungsweise in Ruhe gelassen werden. Es verliert jede Hoffnung, es ist völlig lustlos, es gibt auf, es beteiligt sich nicht mehr. Es zeigt Desinteresse, es hat den Glauben an sich verloren, es ist träge, es verhält sich dumm und hilflos, es zeigt sich als Versager, es zeigt eine verbissene Passivität.
Es ist, als ob **das Kind glaubt:** "Es ist für mich unmöglich, mich zugehörig zu fühlen und Bedeutung zu haben. Ich gebe auf, ich will nicht mehr. Laß' mich alleine! Laß' mich in Ruhe."
**Der Erwachsene fühlt** sich unfähig, verliert auch die Hoffnung und seufzt: "Ich weiß nicht, was ich mit dem Kind anfangen soll" und läßt es allein. Das Kind hat sein Ziel erreicht.

Diese Übersicht läßt leicht erkennen, daß das Kind sein Ziel erreicht durch die Reaktion der Eltern. Gibt der Erwachsene dem Kind keine Aufmerksamkeit auf sein störendes Verhalten, steigt er nicht in einen Machtkampf oder Rachezyklus ein, so hat alles einen ganz anderen Verlauf. Vorschläge finden Sie in der folgenden Tabelle.
Die oben genannten störenden Verhaltensweisen, die wir bei den Zielen angeordnet haben, sind als Orientierung zu betrachten. Es kann auch mal anders sein. Vorsicht ist deswegen geboten, weil man grundsätzlich mit jedem Verhalten fast jedes Ziel erreichen kann. Das Kind, das mit Faulsein oder mit Fragenstellen Aufmerksamkeit auf sich lenkt, kann, wenn es damit die Eltern lange genug irritiert hat und schließlich von den Eltern nur Strafe oder Ablehnung dafür bekommt, das gleiche Verhalten als Machtkampf einsetzen; und in einigen Familien würde es einem Kind sogar gelingen, sich damit zu rächen. Mit Stottern kann ein Kind das Ziel, Aufmerksamkeit zu bekommen, verfolgen, aber wenn dem Kind verboten wird zu stottern, beziehungsweise wenn es unter Druck gesetzt wird, erst nachzudenken oder ruhiger zu sprechen, dann kann es das Symptom auch als Machtkampf gegen die Eltern einsetzen.

| Die vier Nahziele | Verhalten des Kindes | Was das Kind mit seinem Verhalten wirklich sagt | Wie Erwachsene (z.B. Eltern/Lehrer) sich meistens fühlen |
|---|---|---|---|
| **Ziel I Aufmerksamkeit** (will, daß andere sich mit ihm beschäftigen) | störendes Verhalten | Ich gehöre nur dazu, wenn ich ...bemerkt werde ...bedient werde | irritiert gestört aufgeregt verärgert |
| | perfektes angepaßtes Verhalten | Ich gehöre nur dazu, wenn ich genau tue, was man mir sagt. Ich fühle mich: ängstlich, unsicher, unruhig | erfreut stolz |
| **Ziel II Machtkampf** (sucht Überlegenheit) | provozierendes Verhalten | Ich gehöre nur dazu, wenn ..ich gewinne, dominiere ..tue was ich will ..überlegen bin Ich fühle mich: ..bedroht ..provoziert ..eingeschüchtert | bedroht, geschlagen, provoziert eingeschüchtert. Denkt: "Das kann es nicht mit mir machen. Das kann ich nicht zulassen." Fühlt: "Ich verliere die Kontrolle." |
| **Ziel III Vergeltung** (will sich rächen) | verletzendes Verhalten | Ich gehöre nur dazu, wenn ich ..anderen weh tun kann .."zurückschlagen" kann. Ich fühle mich: ...wütend ...verletzt Ich hasse... Niemand mag mich | tief verletzt sehr wütend haßerfüllt Denkt: "Wie kann es so etwas Böses tun?" "Wie kann es so böse sein?" "Wie kann ich es ihm heimzahlen?" |
| **Ziel IV Rückzug** (will allein gelassen werden) | Rückzugsverhalten | Ich gehöre nur dazu, wenn: ...ich nicht probiere ...andere nicht störe Ich fühle mich: ...hoffnungslos ...depressiv ...minderwertig ...unfähig ...erniedrigt . ..nicht gut Ich gebe auf. | extrem hilflos sehr entmutigt hoffnungslos sehr angespannt sehr besorgt |

| Typische Reaktion des Erwachsenen auf das Verhalten | Mögliche Reaktionen des Kindes darauf | Einige Hilfestellungen |
|---|---|---|
| redet gut zu<br>erinnert<br>weint<br>beklagt sich<br>läßt sich in Trab halten | stoppt das Störverhalten, wenn es Aufmerksamkeit bekommt | Zeigen Sie nicht, daß Sie verärgert sind. Geben Sie konstruktive Aufmerksamkeit auf nichtstörendes Verhalten. Suchen Sie im Familienrat gute Alternativen. Gehen Sie nicht darauf ein, wenn das Kind ungebührliche Aufmerksamkeit fordert. Wenden Sie logische Folgen an. |
| prahlt; ist vernarrt<br>macht Aufhebens | entwickelt ein falsches Selbstwertgefühl | |
| spielt "Autorität"<br>(gibt Befehle/verbietet/droht)<br>(wenn Du nicht...,dann werde ich....)<br>versucht Verhalten des Kindes unter Kontrolle zu bringen | setzt Verhalten fort, wenn es gerügt oder gemaßregelt wird<br>fühlt sich als Sieger, wenn andere aus der Fassung geraten | Kämpfen Sie nicht - geben Sie nicht nach. Bieten Sie Situationen an, wo das Kind seine Überlegenheit konstruktiv einsetzen kann. Ziehen Sie sich zurück. Erlauben Sie sich eine Abkühlungsphase. Hören Sie dem Kind zu. |
| straft<br>schlägt<br>scheltet<br>lehnt das Kind ab<br>schließt es aus | verstärkt Verhalten, wenn es bestraft wird<br>tut anderen weh<br>macht Sachen kaputt<br>läuft weg<br>begeht strafbare Handlungen | Sagen Sie nicht, daß Sie gekränkt sind. Zeigen Sie Respekt für sich und das Kind. Erkennen Sie, daß Konflikte unvermeidbar sind. Haben Sie den Mut, unvollkommen zu sein. Tun Sie das Unerwartete. |
| schlägt die Hände über den Kopf<br>gibt auf<br>seufzt und denkt:<br>"Was soll ich mit dem Kind anfangen?" | zieht sich weiter zurück<br>wird noch passiver | Ermutigen Sie, gerade wenn es Fehler macht. Glauben Sie an die Fähigkeiten des Kindes. Vertrauen Sie dem Kind kleine Verantwortlichkeiten zan. Seien Sie Vorbild für gewünschtes Verhalen. Machen Sie Fehler nicht wichtig. Ermutigen Sie das Kind zu probieren - erwarten Sie keine schnellen Ergebnisse. Arbeiten Sie an Ihrer eigenen Ermutigung. |

Diese Tabelle wurde aus vielen verschiedenen Quellen zusammengesetzt. Die Ideen gehen jedoch hauptsächlich zurück auf die Arbeiten von Rudolf Dreikurs.

## Die Familienkonstellation

Keine zwei Kinder werden in dieselbe Familie hineingeboren. Jeder findet ein anderes soziales Umfeld vor.

"Ich bin das zweitgeborene Kind. Als mein Bruder geboren wurde, waren meine Eltern Mann und Frau, und durch seine Geburt wurden sie Vater und Mutter. Als ich geboren wurde, waren sie also eine Familie mit einem Kind." Die Eltern gehen mit dem ersten Kind anders um als mit dem zweiten, und wenn später noch mehr Kinder geboren werden, ist nicht nur die Situation in der Familie und die Interaktion zwischen den Kindern völlig anders, in vielen Fällen sind die Eltern auch etwas entspannter in Bezug auf die Erziehung der Kinder. Es kann auch sein, daß die finanzielle Situation in der Familie besser ist als am Anfang der Ehe, oder auch das Gegenteil kann wahr sein. Kinder sind teuer. Vielleicht haben die Eltern auch schon unmögliche beziehungsweise unrealisierbare Erwartungen in Bezug auf die Entwicklung der Kinder aufgegeben, so daß das letztgeborene Kind besser seine Möglichkeiten entwickeln kann als das erste. Viele Kinder wachsen bei einem alleinerziehenden Elternteil auf.

Im Grunde ist es auch nicht so wichtig, was in einer Familie passiert. Das Wichtigste ist, wie ein Kind seine eigene Situation sieht. Es ist fast nicht zu vermeiden, daß das erstgeborene Kind sich bei der Geburt des zweiten Kindes etwas zurückgesetzt fühlt. Es beobachtet ja, wie Mutter immer mit dem Jüngsten, mit dem Baby, beschäftigt ist, und so kann es sein, daß sich das Erstgeborene die Meinung bildet: "Meine Eltern, beziehungsweise meine Mutter, liebt meinen Bruder mehr als mich." Es ist auch verständlich, daß Erstgeborene oft in ihrer Entwicklung zurückfallen mit Weinen oder Bettnässen. Vom Erstgeborenen aus ist das ganz logisch. Er sieht ja, daß man dafür Aufmerksamkeit bekommen kann.

Die Frage, die das Kind ständig beschäftigt, ist im Grunde die Frage: "Wie kann ich zu dieser Familie gehören? Wie kann ich hier meinen Platz finden? Wie kann ich hier Bedeutung haben?"

Wir haben die Neigung, auf Kinder zu schauen, als würden sie nur auf ihre Umgebung reagieren. Wir müssen Kinder sehen als aktive Personen, die ihre Umgebung beeinflussen und entscheiden, was sie mit ihrer Veranlagung tun werden. Wenn wir aus einer Familie mit mehreren

Kindern ein Kind wegnehmen, verändert sich alles. Jedes Mitglied der Familie hat einen großen Einfluß auf die Familienatmosphäre.

Hier sind jetzt einige Informationen zu den verschiedenen Positionen, die Kinder in der Kinderreihe einnehmen können. Sie helfen uns, Kinder in ihrem Verhalten zu verstehen, aber sie können nicht als Entschuldigung für das Verhalten des Kindes angesehen werden.

**Das Erstgeborene,** das älteste, das erste Kind, wurde als erstes geboren, und es wird immer alles daransetzen, das erste zu bleiben. Sein ganzes Verhalten, sein ganzes Denken, sein ganzes Streben und Handeln ist durchzogen davon, das Erste zu sein, auch wenn es sich selbst dabei schädigt. Älteste Kinder oder erstgeborene Kinder neigen dazu, den Boß zu spielen und kritisch zu sein. Insbesondere kritisieren sie gerne ihre jüngeren Geschwister. Das jüngste Kind nutzt diese Situation oft aus, denn auf der einen Seite fordert es den älteren Bruder oder die ältere Schwester heraus, es zu kritisieren und stellt sich dann unschuldig. So wird das ältere Kind in Schwierigkeiten kommen, weil es so kritisch mit seinem Bruder oder seiner Schwester umgeht. Und so machen Eltern mit dem Erstgeborenen im Grunde genau das, was das älteste Kind mit dem jüngsten macht.

Erstgeborene Kinder streben oft nach Vollkommenheit. Die Neigung, perfekt sein zu wollen, entsteht aus einem Bestreben, besser als andere sein zu wollen. Es ist klar, daß diese Sicht auf's Leben sehr frustrierend sein kann. Es glaubt: "Wenn ich nicht perfekt bin, dann bin ich nichts wert." Man kann erstgeborenen Kindern dadurch helfen, daß man selbst den Mut zur Unvollkommenheit entwickelt und sich selbst nicht kritisiert, wenn man als Erwachsener Fehler macht. So ein Vorbild hilft einem Kind mehr mit seinen vermeintlichen Schwächen umzugehen, als viele Worte.

Erstgeborene Kinder neigen dazu, ein starkes Verantwortungsgefühl zu entwickeln, und dafür werden sie auch gelobt, und diese Fähigkeit wird ihnen oft zum Problem. Das erstgeborene Kind hält Ordnung für sehr wichtig. Ordnung ermöglicht es, alles unter Kontrolle zu haben. Jüngere Kinder können dieses Bedürfnis nach Kontrolle ganz schön durcheinander bringen. Es ist nicht leicht, das erstgeborene Kind zu sein.

**Das zweitgeborene Kind** steht, wenn es relativ kurz nach dem erstgeborenen zur Welt kommt, grundsätzlich in einem Konkurrenzverhältnis. Es neigt dazu, sich entgegengesetzt zu entwickeln. In vielen Fällen entwickelt sich das zweite Kind wie eine Dampflock. Es steht ständig unter Druck, weil es meint, das erste Kind überholen zu müssen. Durch diese ständigen Anstrengungen und den Wettlauf ist es möglich, daß das erste Kind entmutigt wird und aufgibt. In einem solchen Fall kann das zweitgeborene Kind die Rolle des ältesten übernehmen und der Erste und Beste sein.

Wenn das jüngste Kind zum **mittleren Kind** wird, weil noch ein Geschwister geboren wird, wird es ein "Sandwich-Kind".

So entwickeln mittlere Kinder oft die Meinung, daß das Leben ungerecht ist und neigen zum Schmollen. Das mittlere Kind darf **noch nicht**, was das ältere schon darf, und es darf **nicht mehr** das, was das jüngste noch darf. Überdies trägt es die abgetragenen Kleider des Erstgeborenen, und das jüngste Kind bekommt neue, weil das Mittlere die Kleider des Erstgeborenen abgetragen hat. Ein Erwachsener sagte: "Ich bin auch das mittlere Kind von drei Kindern. Bei uns klang das oft so: 'Die Großen zwei räumen jetzt den Tisch ab.' Und am Abend hieß es dann: 'Die zwei Kleinen gehen jetzt ins Bett'. Ich fand das immer furchtbar ungerecht." Das mittlere Kind entwickelt ein gutes Gespür dafür, was Recht und was Unrecht ist. Es geht in die Rolle des Beschützers, des Vermittlers, des "Sozialarbeiters".

**Das jüngste Kind** ist oft ein Charmeur, der es schafft, andere zu manipulieren und in seinen Dienst zu stellen. Das älteste Kind möchte gerne der Boß sein, aber in Wirklichkeit ist das jüngste der Boß. Das älteste Kind sagt den anderen, was sie zu tun haben, und niemand tut es. Das jüngste Kind sagt nicht, was die anderen zu tun haben und schafft es trotzdem, daß sie es für es tun. Die jüngsten Kinder sind oft schöne Kinder, und sie können wunderschön lächeln. Sie sind Schauspieler, aber wenn ihr Charme oder ihre Manipulationen nicht wirken, haben sie oft hohe Ansprüche. Das jüngste Kind wird oft verwöhnt. Ein allgemeines Gefühl bei jüngsten Kindern ist, daß sie nicht wirklich ernstgenommen werden. Niemand interessiert sich wirklich für das, was sie denken.

Jüngste Kinder haben Schwierigkeiten sich zu entscheiden. Es gibt immer andere Leute, die für sie entscheiden. So haben sie auch Schwierigkeiten, Arbeiten zu Ende zu führen. Sie brauchen nur etwas anzufangen, dann ist schon irgendjemand da, der ihnen hilft, um es fertigzumachen. Ihnen wird selten Verantwortung übertragen, dafür ist ja das ältere Kind da. Deswegen hat das jüngste Kind im Erwachsenenalter auch oft Schwierigkeiten mit dem Tragen von Verantwortung.

**Das einzige Kind,** das Einzelkind ist ein besonderes Kind. Es muß nicht unbedingt verwöhnt werden, aber es entwickelt das Gefühl, etwas

Besonderes zu sein. Auf der einen Seite hat es die Chrakteristika der Verantwortlichkeit des ältesten Kindes und zeigt eine große Selbständigkeit; andere Teile seiner Persönlichkeit zeigen eher Vergleichsmöglichkeiten mit jüngsten Kindern. Verantwortlich fühlt sich das Einzelkind auf jeden Fall dafür, was mit Vater und Mutter passiert.

Das Einzelkind hat gerne Zeit für sich selbst. Es kann gut mit älteren und mit jüngeren Leuten umgehen, aber mit Gleichaltrigen hat es Schwierigkeiten. Einzelkinder sind in ihrer Art oft erwachsener, als sie aussehen und können gar nicht verstehen, warum gleichaltrige Kinder sich so kindisch oder unerwachsen verhalten.

Das Einzelkind lebt in Konkurrenz mit dem gleichgeschlechtlichen Elternteil. Der Junge konkurriert mit dem Vater um die ungeteilte Aufmerksamkeit der Mutter. Bei Mädchen ist es umgekehrt.

Alles, was wir bis jetzt beschrieben haben, sind oft vorkommende Entwicklungen, sogenannte statistische Wahrscheinlichkeiten. Da die eigene Kreativität des Kindes jedoch entscheidender ist als alles, was Psychologen denken, kann auch alles anders sein.

Das Wissen um die Bedeutung der Position in der Familie kann uns aber helfen, Meinungen zu erkennen, die das Kind sich über sich, über andere und über das Leben bildet. Wenn wir diese Meinung erkennen, können wir versuchen, die Meinungsbildung in die positive Richtung zu lenken.

Jedenfalls hat in der Kinderreihe, wie Sie leicht erkennen können, jeder die Möglichkeit, Stärken als auch Schwächen zu entwickeln. Die Frage taucht aber auf, was Schwächen und was Stärken sind. Jede Stärke wird, wenn über Gebühr eingesetzt, zu einer Last. Verantwortungsvoll sein ist gut, aber zu glauben, daß man nur einen Platz hat, wenn man immer und überall die Verantwortung auf sich nimmt, ist eher eine Last. Zu glauben, daß das Leben ungerecht ist, kann für manche zu einer Quelle des Leidens führen, aber solche Menschen haben ein gutes Auge für Gerechtigkeit und Ungerechtigkeit. Sie stehen auf der Seite der Unterdrückten und Benachteiligten, und sie sind gute Helfer und gute Vermittler. Wer immer perfekt sein will, der ist selten zufrieden, aber wenn wir eine schwere Operation vor uns haben, hätten wir vielleicht gerne einen erstgeborenen Sohn mit dem Streben nach Vollkommenheit als Chirurg.

Diese paar Ideen können uns helfen, dort, wo wir Schwächen erkennen, zu fragen, wo die Stärken unserer Schwächen sind. Wenn man die Stärken der Kinder sieht, kann auch jedes Kind seinen nützlichen Platz in der Familie finden.

In der Entwicklung der Persönlichkeit spielt Ermutigung und Entmutigung eine entscheidende Rolle. Ermutigung führt Kinder eher auf die nützliche Seite des Lebens und hilft ihnen, besser ihren Platz in der Familie zu finden und somit auch im Erwachsenenleben ihre Bedeutung zu erkennen.

Helfen wir Kindern, mutige Kinder zu werden! Meckern, Kritisieren, Kämpfen, Schimpfen, Strafen sind dafür keine guten Methoden, und wir brauchen sie auch nicht wirklich. Es gibt andere Methoden. Es ist wichtig, jüngsten und mittleren Kindern Verantwortung zu übertragen. Das älteste muß nicht immer alles machen. Helfen Sie dem jüngsten Kind, Aufgaben zu Ende zu führen und nützen Sie die Fähigkeit des mittleren Kindes, Probleme zwischen anderen Kindern zu lösen.

Wenn Sie verstanden haben, daß Sie nur einen geringen Einfluß auf die Meinungsbildung der Kinder haben, dann brauchen Sie sich auch nicht verantwortlich zu fühlen für alles, was nicht so läuft, wie Sie es sich vorgestellt haben. Kinder untereinander beeinflussen sich gegenseitig wesentlich mehr, als die Eltern es tun.

Es ist eine große Ermutigung für Kinder, zu erfahren: "Du bist Du, und so wie Du bist, bist Du gut genug. Du brauchst nicht unbedingt so zu sein, wie ich Dich haben will."

Hier noch eine Geschichte, die sie Ihren Kindern vorlesen können:

## Der Weglauftag

Die geschwätzige Elster saß auf dem längsten Ast ihres Lieblingsbaumes und schaute sich die Gegend an. "Skrak! Skrak!", sagte die Elster zu sich selbst. "Was für ein langweiliger Tag heute. Nichts und niemand ist unterwegs!" Genau in diesem Moment sah sie jemanden die Straße herunter kommen. "Das ist aber jemand sehr Kleines", dachte die Elster. "Wer kann das sein?"

Der Kleine kam näher. "Skrak! Skrak! Sieh mal einer an!" sagte die Elster, "wenn das mal nicht der kleine Dachs ist! Was der wohl zu so später Stunde hier draußen will? So weit weg von zu Hause!"

Es war der kleine Dachs. Und er war schon sehr weit von seinem Zuhause entfernt. Über der Schulter trug er einen Stab. Sein Taschentuch hatte er zu einem Säckchen zusammengebunden und an das Stabende gehängt. "Hallo, kleiner Dachs", rief die Elster. "Bist du nicht etwas zu spät unterwegs?" "Ja, das bin ich!" sagte der Dachs. Und er klang sehr wütend.

Nun, wer die geschwätzige Elster kennt, weiß, daß sie sehr neugierig ist und nun genauer wissen mußte, was passiert war. "Was ist los, kleiner Dachs?" fragte sie. "Ist etwas nicht in Ordnung?" "Ich bin von zu Hause weggelaufen", sagte der kleine Dachs, "das ist los!" "Ist das möglich!" sagte die Elster voller Überraschung. "Und darf ich fragen, wohin du gehst?" "Ich suche mir eine andere Familie", sagte der kleine Dachs ärgerlich. "Ich habe es satt, immer der Jüngste zu sein. Ich suche mir eine Familie, in der ich der Älteste bin!" "Oh, ich verstehe", sagte die Elster, obwohl sie keine Ahnung hatte, was der kleine Dachs meinte. Wie dem auch sei. Wenn die Elster irgend etwas noch mehr liebte, als sich in anderer Leute Angelegenheiten einzumischen, dann war es, ihnen Ratschläge zu geben. So sagte sie: "Dort drüben ist ein guter Platz zum Schlafen. Es wird schon spät, und du willst morgen früh sicher wieder erholt weitersuchen. Oder?" Der Dachs bedankte sich bei der Elster und machte sich sein Nachtlager zurecht.

Die Elster saß auf dem längsten Ast ihres Lieblingsbaumes und schaute sich die Gegend an. Es dauerte nicht lange, da sah sie schon wieder jemanden die Straße herunterkommen. "Wer könnte das sein?" dachte die Elster. "Der ist auch nicht gerade sehr groß." Es war der kleine Hase. "Hallo, kleiner Hase", rief die Elster von ihrem Lieblingsbaum herunter. "Was um Himmels Willen tust du noch so spät hier auf der Straße - so weit weg von zu Hause?" "Ich laufe von zu Hause weg", sagte der Hase. "Das mache ich!" Die Elster war so überrascht, daß sie um Haares Breite von ihrem Ast heruntergefallen wäre. "Noch jemand", dachte sie. "Guck mal einer an!" sagte sie laut. "Kann es sein, daß du gerade dabei bist, eine neue Familie zu suchen?" "Genau das bin ich!" sagte der kleine Hase. Und er war ziemlich aufgeregt. "Gewiß, genau das bin ich." "Ich weiß", sagte die Elster und kam sich unglaublich klug vor. "Du suchst eine Familie, in der du der Älteste sein kannst. Stimmt's?" "Der Älteste", schrie der kleine Hase wutentbrannt. "Niemals. Das weiß ich gewiß. Oh, nein! Ich suche eine Familie, in der ich der Jüngste sein kann, und wo ich mal das Vergnügen habe. Meine Mutter hatte für mich niemals Zeit." Arme Elster. Sie war ziemlich verwirrt. Sie erzählte dem Hasen von einem guten Übernachtungsplatz, dann setzte sie sich in ihren Lieblingsbaum und dachte noch einmal über alles nach.

Die Elster kam nicht sehr weit, weil sie schon sehr bald jemanden die Straße herunterkommen sah. Dieses Mal war es der kleine Waschbär. "Hallo, kleiner Waschbär", rief die Elster. "Und wohin gehst du um diese Zeit?" "Ich weiß nicht, wohin ich gehe", sagte der kleine Waschbär. "Ich weiß nur, daß ich von etwas weglaufe. Und zwar von zu

Hause." Die Elster schüttelte ihren Kopf. "Dies ist wirklich ein echter Weglauf-Tag. So etwas habe ich noch nie erlebt", sagte sie. "Erzähl mal. Suchst du eine Familie, wo du der Älteste sein kannst, oder suchst du eine Familie, in der du der Jüngste sein kannst?" "Es ist mir egal, ob der Jüngste oder der Älteste", sagte der Waschbär traurig. "Ich will nur auf keinen Fall der Mittlere sein." Arme Elster. Sie war inzwischen so verwirrt, daß sie nicht mehr wußte, was sie noch denken sollte. Vielleicht würde es ihr helfen, wenn sie die Wegläufer mal alle zusammen sehen würde. "Komm mit mir, kleiner Waschbär", sagte die Elster. "Ich zeige dir einen guten Platz, wo du übernachten kannst." Der Waschbär folgte der Elster zu der Lichtung bei dem Bach. Dort fanden sie den kleinen Dachs und den kleinen Hasen. "Ich habe euch einen Freund mitgebracht", sagte die Elster. "Er ist auch weggelaufen." Die Elster hüpfte auf den Baum in der Nähe des Dachses. "Sag mal, kleiner Dachs", sagte sie, "hast du mir nicht erzählt, du seist von zu Hause weggelaufen, weil du der Jüngste bist?" "Ja, das stimmt", sagte der Dachs. Der kleine Hase schaute völlig verwundert zu dem Dachs herüber. "Das ist verrückt!" sagte er. "Stell dir so etwas Unsinniges vor - von zu Hause weglaufen, weil man der Jüngste ist! - Warum? Das ist doch das Beste, was einem passieren kann." "Ist es nicht", meinte der kleine Dachs. "Mein großer Bruder hat es viel besser. Sie lassen mich nicht mitspielen, weil ich ihnen noch zu klein bin. Oh, nein, der Älteste hat es am besten."

"Nun, ich bin der Älteste!" rief der kleine Hase verärgert. "Und ich weiß, daß es der Jüngste am besten hat. Ich muß alle Aufgaben im und um das Haus herum erledigen. Und der Jüngste sitzt immer nur auf Mutters Schoß." "Komm, komm", rief der kleine Dachs. "Du bist doch derjenige, der von Vati mit zum Jagen genommen wird, weil du der Älteste bist. Oder stimmt das etwa nicht?" "Stimmt das etwa nicht?" wiederholte der kleine Hase. "Und macht deine Mutter nicht wegen dir den größten Aufwand, weil du der Jüngste bist?" Dann meldete sich der kleine Waschbär zu Wort. "Ich seid doch beide völlig verrückt", sagte er verdrießlich. "Es ist doch wunderbar, der Älteste oder der Jüngste zu sein. Aber wenn man der Mittlere ist, dann kann man einfach nichts machen! Du bist zu groß, um auf Muttis Schoß zu sitzen und zu klein, um mit Vati auf die Jagd zu gehen." "Das stimmt nicht", schrie der Hase. "Mein mittlerer Bruder hat es viel besser als ich. Er braucht niemals bei einer Arbeit mitzuhelfen. Aber ich muß ständig irgendetwas tun, weil ich der Älteste bin." "Und meine mittlere Schwester hat es auch viel besser als ich", sagte der Dachs. "Sie muß nicht ständig zu Hause bleiben. So wie ich das immer muß. Weil sie eben nicht die Jüngste ist. Das ist ungerecht."

Die Elster sprang ständig auf ihrem Ast vor und zurück, vor und zurück, damit sie auch ja alles mitbekam, was gesprochen wurde. Schließlich blieb sie still sitzen und schaute zu den Tieren herunter. Dann sagte sie langsam: "Es scheint, daß jeder seinen Platz in der Familie hat." Die Tiere senkten ihre Köpfe. "Und", fuhr die Elster fort, "es scheint, daß es nichts ausmacht, welchen Platz man hat, damit man damit zufrieden ist." Die drei schauten einander an, aber niemand sagte etwas. "Nun denn! Dann gute Nacht!" sagte die Elster und sprang auf den längsten Ast ihres Lieblingsbaumes und versteckte ihren verwirrten Kopf unter ihrem Flügel. Aber sie legte sich noch nicht schlafen. Mit einem halboffenen Auge beobachtete sie die Straße. Schon bald sah die Elster jemanden auf Zehenspitzen aus der Lichtung bei dem Bach kommen. Es war der kleine Dachs mit seinem Stab und dem Säckchen auf der Schulter. Aber wohin ging er? Nicht die Straße herunter. Oh, nein! "Ich stelle fest", sagte die Elster zu sich selbst "der kleine Dachs wendet sich direkt nach Hause. Geradewegs nach Hause, um wieder der Jüngste zu sein!"

Es wurde immer dunkler. Und trotzdem sah die Elster eine Minute später schon wieder jemanden aus der Lichtung bei dem Bach kommen. Es war der kleine Hase. Er schaute sich um, um sich zu vergewissern, daß ihn auch ja niemand sah. Er rannte den Weg herauf, direkt zu der Straße, die nach Hause führte. "Nach Hause, um wieder der Älteste zu sein!" lachte die Elster in sich hinein. Dann, gerade bevor es völlig dunkel geworden war, erspähte die Elster den kleinen Waschbären, wie er von der Lichtung geschlichen kam. Er blickte sich sorgfältig um, dann schlug auch er den Weg ein, den er gekommen war. Nach Hause, um wieder der Mittlere zu sein. "Nun denn", sagte die Elster, "was wie ein Weglauf-Tag begonnen hat, scheint sich jetzt in einen Heimkehr-Tag zu verwandeln. - Was für ein Weglauf-Tag mag das sein?" fragte die Elster die Welt, "an dem sich die Wegläufer entscheiden, letztlich doch nicht wegzulaufen?"

*(von Lillian Moore - aus: Humpty Dumpty's Magazine)*

# II. Die Methoden

*"Wo Liebe ist, da ist nichts zu schwierig, und da ist immer Zeit."*
('Abdu'l-Bahá)

## Zeit und Verantwortung

Kinder wollen sich zugehörig fühlen. Sie wollen helfen. Sie wollen sich nützlich fühlen in der Familie. Machen Sie es möglich! Nehmen Sie sich Zeit für Ihre Kinder zum Spielen, zum Sprechen, zum Fahrradfahren, zum Wandern. Es geht dabei nicht unbedingt um die Menge der Zeit, sondern um die Tatsache, daß die Kinder wissen, daß Sie erreichbar sind, und organisieren Sie dann und wann, wenn auch nur 10 Minuten, daß ein Kind mit Ihnen allein sein kann. Jan und Betty machen es mit ihren zwei Kindern so: Sie nehmen sich abends 10 Minuten Zeit, um dann, wenn die Kinder schon im Bett sind, mit ihnen zu sprechen, ein Spiel zu spielen, das unter dem Bett steht, ein Lied zu singen, ein Märchen vorzulesen oder gemeinsame Phantasiereisen zu machen. Jan nimmt das eine, Betty das andere Kind. Nach 10 Minuten wechseln sie den Platz. So hat jedes Kind die Eltern 20 Minuten für sich alleine. Die Kinder bekommen so ihre Aufmerksamkeit und sie merken durch die konsequente Haltung der Eltern, daß sie diese Zuwendung nicht über Gebühr strapazieren können, denn die Eltern bleiben freundlich und fest bei den vereinbarten 10 Minuten. Solche Kinder sind zufriedene Kinder.

"Keine Zeit" heißt: "Kein Interesse." "Ich habe keine Zeit für meine Kinder" heißt: "Meine Kinder interessieren mich nicht." "Ich habe keine Zeit mit meiner Partnerin zusammen zu sein" bedeutet: "Ich habe kein Interesse für sie." "Ich habe keine Zeit mir die Sportschau anzuschauen" bedeutet: "Die Sportschau interessiert mich nicht." Die Sportschau stört sich nicht daran, ob Sie schauen oder nicht, aber die Qualität Ihrer Ehe wird durch Zeit oder keine-Zeit-haben erheblich beeinflußt. Drängender noch ist es bei Kindern. Kinder haben Anspruch auf unsere Zeit, und es ist als ob Kinder sagen: "In irgendeiner Weise kriege ich Deine Zeit schon. Entweder Du gibst mir etwas von Deiner Zeit und wir machen etwas Schönes zusammen und Du läßt mich Dir helfen, oder ich werde Dich so lange ärgern, bis Du merkst, daß es mich gibt." Zeit für Kinder

41

wirkt Wunder. Zeit für die Partnerschaft läßt die Liebe fließen. Wer keine Zeit hat, dem stehen schwere Zeiten bevor.

**Verantwortung:** Der überarbeitete Manager macht einen Fehler. Er gibt zu wenig ab. Vielleicht müssen auch Sie eine neue Definition für "gute Eltern" finden. Auf jeden Fall ist es besser für Sie und besser für die Entwicklung der Kinder, wenn Sie mehr abgeben. Sie übernehmen zu viel Verantwortung. In vielen Familien sind die Hausaufgaben ein tägliches Drama, weil die Eltern die Verantwortung dafür übernehmen, daß die Kinder ihre Hausaufgaben machen. Eltern sind nicht verantwortlich dafür. Die Eltern haben beschränkte Verantwortungen. Die Eltern haben die Verantwortung, daß das Kind einen Wecker hat und sie müssen dem Kind beibringen, wie es ihn bedienen kann. Der Rest, das Aufstehen, ist die Verantwortung des Kindes. Die Eltern tragen die Verantwortung dafür, daß das Essen auf den Tisch kommt, aber sie tragen nicht die Verantwortung dafür, daß das Kind ißt. Die Eltern haben die Verantwortung dafür, daß das Kind ein Zimmer und ein Bett hat, aber sie tragen nicht die Verantwortung dafür, daß das Kind schläft. Die Eltern haben die Verantwortung dafür, daß das Kind ein Turnsäckchen hat, aber nicht dafür, daß das Kind das Turnsäckchen mit in die Schule nimmt. Die Eltern, auch von jungen Kindern, haben die Verantwortung dafür, daß das Kind auf die Uhr schauen kann, wie spät es ist, aber nicht dafür, daß es pünktlich in die Schule kommt. Das ist ein großes Aufgabengebiet in der Erziehung. Geben Sie so viel Verantwortung ab, wie Sie nur können und tun Sie so wenig für das Kind, wie es nur einigermaßen geht. Die Verantwortung lassen Sie dort, wo sie hingehört.

Wenn Sie die Verantwortung des Kindes übernehmen, signalisieren Sie dem Kind, daß Sie dem Kind nicht zutrauen, daß es das kann. Das wirkt entmutigend. Und irgendwann fühlen Sie sich dann ungerecht behandelt, weil das Kind nichts tut und Sie immer alles machen müssen.

*Ermutigung und das richtige Vorbild sind*
*nicht die wichtigsten Mittel in der Erziehung.*
*Sie sind die einzigen.*

# Ermutigung: Der Königsweg der Erziehung

Das wichtigste Puzzleteil für eine effektive und positive Erziehung ist es, die Kunst der Ermutigung zu erlernen. Alfred Adler sagt: *"Wenn ich jemanden ermutige, brauche ich von Erziehung und Psychologie nichts zu verstehen."* Adlers Schüler Erwin Wexberg sagt: *"Erziehen heißt also, konkret gesprochen, nichts anderes als ermutigen."* Dieser Teil ist nicht der schwierigste, aber es ist der Teil, der uns am wenigsten vertraut ist.

## Die eine Hälfte: Stoppen Sie Entmutigung!

### 1. Meckern, Nörgeln, Kritisieren

Mit Meckern, Nörgeln und Kritisieren drücken wir aus, daß wir mit dem Verhalten unserer Kinder nicht zufrieden sind. Meckern, Nörgeln und Kritisieren verdirbt die Beziehungsatmosphäre. Kinder merken, daß sie so, wie sie sind, nicht gut genug sind. Meckern, Nörgeln und Kritisieren sind ein Ausdruck unserer fehlerbezogenen Einstellung, und in vielen Fällen sind sie ein Ausdruck unserer Unzufriedenheit mit uns selbst und verstärken diese noch. Sie können diese Verhaltensweisen reduzieren. Ja, das können Sie.

Eine Gruppe von Eltern bekam den Auftrag, drei Wochen lang ihr entmutigendes Verhalten in Worten, Gesten, Mimik und Handlungen zu beobachten. Sie sollten sich aber nicht unter Druck setzen und sich keine Schuldgefühle machen, sondern einfach nur, am besten mit einem Lächeln, feststellen: "Aha, so mach' ich das!" Das Ergebnis war für alle ebenso erstaunlich wie erfreulich. Sie berichteten, daß sie allein durch das Beobachten viele dieser Verhaltensweisen aufgaben oder einschränkten.

Während eines Trainings für Eltern von Kindergartenkindern sagten die teilnehmenden Mütter nach der 3. Ermutigungssitzung: "Es geht uns mit unseren Kindern schon so viel besser. Die Atmosphäre in unserer Familie ist wesentlich leichter und fröhlicher." Auf unsere Frage: "Wie ermutigen Sie Ihre Kinder?" war die Antwort: "Wir ermutigen gar nicht sehr viel, aber wir können besser fünf gerade sein lassen, wir meckern nicht mehr so viel." Die Erfahrung lehrt: Wenn Eltern aufhören zu meckern, zu nörgeln und zu kritisieren, geben sie schon viel mehr Spielraum für eine gesunde Entwicklung der Kinder und liefern einen wesentlichen Beitrag zu einer liebevollen Familienatmosphäre.

In einigen Kindergärten in Berlin wurde den Kindern die Frage gestellt: "Was könnte Deine Mutter tun, damit es für Dich zu Hause noch schöner ist?" Auf diese Frage hätte es viele Antworten geben können, aber etwa 83% der befragten Kinder sagten in irgendeiner Form: "Wenn meine Mutter weniger meckern würde."

Ein Kinderpsychologe sagte im Fernsehen, Eltern sollten ihre Kinder so behandeln, wie sie es mit ihren besten Freunden täten, also mit Höflichkeit, Würde und Geschick.

"Ich habe meine Kinder nie anders behandelt", dachte ich bei mir selbst. Aber später in der Nacht überlegte ich es mir noch einmal.

Nehmen wir einmal an, unsere guten Freunde, Fred und Eleonore, kämen zum Abendessen auf Besuch...

"Jetzt ist's aber Zeit, daß Ihr beide kommt. Was habt Ihr denn getan? Herumgetrödelt? Mach' doch die Tür zu, Fred, oder bist Du in einer Scheune geboren?

Ich wollte Euch schon ewig einladen, Fred! Langsam mit den Chips und der Stippe, sonst verdirbst Du Dir noch den Appetit.

Habt Ihr in letzter Zeit etwas von der Gang gehört? Hab' 'ne Karte von den Martins bekommen, sie sind wieder in Lauderdale. Was ist denn los, Fred? Warum rutschst Du rum? Es ist den Flur runter, erste Tür links. Und ich möchte kein Handtuch mitten auf dem Boden rumliegen sehen, wenn Du fertig bist.

So, wie geht's denn Kinder? Wenn alle schon hungrig sind, wollen wir ins Eßzimmer gehen. Wenn Ihr Euch die Hände gewaschen habt, werde ich das Essen bringen. Du willst doch nicht behaupten, Eleonore, daß Deine Hände sauber sind. Du hast gerade noch mit dem Hund gespielt.

Fred, Du sitzt hier, und Eleonore, Du sitzt bei dem halben Glas Milch. Du weißt doch, daß Du Deine Ellbogen nicht bei Dir behalten kannst, wenn es um Milch geht.

Fred, ich sehe keinen Blumenkohl auf Deinem Teller. Magst Du keinen? Versuch' doch mal einen Löffel voll. Wenn er Dir nicht schmeckt, brauchst Du ihn nicht aufzuessen. Aber wenn Du ihn nicht versuchst, kannst Du den Nachtisch vergessen.

Über was haben wir uns gerade unterhalten? Ach ja, die Grubers. Sie haben ihr Haus verkauft und sind hereingefallen.

Aber Eleonore, sprich' nicht mit vollem Mund. Und benütze Deine Serviette."

Gerade war ich an diesem Punkt in meiner Phantasie angekommen, als mein Sohn ins Zimmer kam. "Wie nett von Dir, daß Du kommst", sagte ich freundlich.

"Was habe ich jetzt wieder getan?" seufzte er.

---

[4] Erna Bomberg, Publishers-Hall Syndicate - Weitere Quelle unbekannt.

## 2. Halbherzige Anerkennung

Eine halbherzige Anerkennung ist z.B.: "Du hast Dein Bett gut gemacht, aber schau' doch mal auf den Rest, auf das Durcheinander in Deinem Zimmer" - oder: "Ich danke Dir, daß Du die Küche aufgeräumt hast, aber kannst Du denn die Herdplatte nie richtig saubermachen?" - oder: "Wenn Du Dich mehr anstrengen würdest, könntest Du viel bessere Noten haben. Du weißt wirklich noch nicht, was Du erreichen könntest."
Diese Aussagen werden gemacht von Eltern, die glauben, damit ihre Kinder zu ermutigen, aber das Kind versteht: Ich kann machen was ich will, es ist nie gut genug! Das ist Entmutigung.

## 3. Mitleid

Kinder bemitleiden, ist immer entmutigend, denn das Kind versteht aus dem Mitleid der Eltern: "Du armes Ding, das Leben ist so schwer. Ich weiß, Du wirst nie imstande sein, damit richtig umzugehen." Man kann das Kind trösten und ihm Wärme geben nach einer ernsten Schwierigkeit und es dann so schnell wie möglich wieder auf eigene Füße stellen und ihm zutrauen, daß es mit sich zurechtkommt.

## 4. Etikettieren

Durch die Art, wie wir mit unseren Kindern sprechen, entwickeln sie Meinungen über sich selbst. Unsere Art des Umganges soll so sein, daß sie eine gute Meinung von sich haben. Wenn wir Kinder etikettieren oder ihnen Labels aufkleben wie: Du bist faul, Du bist dumm, aber auch: Du bist ein Lispeler, ein Stotterer oder Du bist überaktiv, kann das Kind sich keine gute Meinung von sich bilden. Es lernt nicht, daß es, so wie es ist, gut genug ist. Es wird nicht zur Mitarbeit, sondern eher zum weiteren Unfug durch Entmutigung erzogen.

## 5. Mit anderen vergleichen

Es ist ein Mißverständnis zu glauben, daß wir Kinder ermutigen können, indem wir sie vergleichen mit den Geschwistern oder mit anderen Kindern ihres Alters. Aussagen wie: "Wenn Du Dich mehr bemühen würdest, könntest Du in Mathe genauso gut sein wie Deine Schwester." Das ist nicht ermutigend. Überdies empfängt das Kind die Botschaft: "So wie Du bist, bist Du nicht wertvoll. Wenn Du besser wärst, könnte ich Dich akzeptieren."

Es kann uns oft helfen, wenn wir Aussagen, die wir für unsere Kinder verwenden, in unserer Beziehung zu Erwachsenen anwenden würden. Dann würden wir wie bei der Geschichte "Eine Unterrichtsstunde in Etikette" besser spüren, was wir eigentlich tun, zum Beispiel: "Wissen Sie, Frau von Fyssen, wenn Sie sich mehr anstrengen würden, könnten Sie eine bessere Mutter sein." Man könnte auch sagen: "Strengen Sie sich ein bißchen mehr an, denn so wie Sie als Mutter sind, sind Sie nicht gut genug."

## 6. Verwöhnung

Wenn wir unsere Kinder zu sehr beschützen oder zu nachgiebig sind, wenn wir alles für unsere Kinder tun, was sie auch selbst tun könnten, entmutigen wir sie mehr als wir glauben. Oft ist jegliche Form von Verwöhnung ein Ausdruck dessen, was wir für Liebe halten; aber es ist im Grunde ein Mangel an Respekt, wenn wir Kinder nicht die Folgen ihrer Entscheidungen erfahren lassen. Wenn wir ihnen schon früh Verant--wortung übertragen für Aufstehen, Essen, Anziehen, rechtzeitig zur Schule gehen und ihre Hausaufgaben machen, dann bereiten wir sie für's Leben vor. Wenn wir unseren Kindern zu sehr nachgeben, wenn wir sie haben lassen, was sie haben wollen, glauben wir, daß sie dadurch glücklich sind, aber wenn Sie sich verwöhnte Kinder anschauen, dann wissen Sie, daß sie alles andere als glücklich sind. Sie leben mit der chronischen Unzufriedenheit: "Wenn ich nicht haben kann, **was** ich will und **wann** ich es will, kann ich nicht glücklich sein." Verwöhnte Kinder sind ich-bezogene Kinder. Sie entwickeln zu wenig Interesse für andere.

## 7. Das große Lob

Wenn Kinder für ihre Beiträge oder ihre Leistungen hochgelobt werden, entwickeln sie eher Angst als Mut. Sie haben Angst, weil sie sich unter Druck fühlen, das nächste Mal wieder so gut sein zu müssen. Sind sie es nicht, fällt das Lob geringer aus oder sie bekommen kein Lob. Dann sind sie wieder unzufrieden.

Der wesentlichste Unterschied zwischen **Lob** und **Ermutigung** ist der, daß man kein Lob aussprechen kann, wenn ein Kind etwas probiert, etwas macht, und das Ergebnis nicht gut ist. Wir können dann nicht sagen: "Gut gemacht! Prima! Spitze!" Ja, das sind die Ausdrucksformen, die wir häufig verwenden, wenn wir loben. "Gut gemacht! Toll! Bravo! Prima!" Dafür ist eine gute Leistung die Voraussetzung. "Gut, sehr gut!", genau so. Das kann man auch bei Schulleistungen sagen. Es darf dann aber nicht viel falsch sein. Es muß gut, exakt, fast vollkommen sein.

Wenn ein Kind etwas macht, sich anstrengt, sich bemüht, Ideen entwickelt, etwas ausprobiert, Zeit investiert hat und es funktioniert doch nicht so, dann steht am Ende "Mist gemacht!" oder "Das habe ich Dir ja gleich gesagt!" oder "Kannst Du nicht besser nachdenken!" oder "Kannst Du das nicht vorher überlegen!" - oder: "Laß' doch die Finger davon, das kann Dein Bruder besser, laß' ihn doch machen!" An der Stelle kann man eben nicht loben. Aber an der Stelle wäre es wichtig, zu ermutigen; nämlich genau da, wo Mißerfolge sind, wo man in Resignation verfällt. Dann kann man die Idee, die Anstrengung, den Mut anerkennen, auffordern zum Weitermachen und die Fehler verkleinern. Man könnte dann sagen: "Mensch, das hat jetzt nicht geklappt, aber Du hast es probiert!" Das muß natürlich auch echt sein und glaubwürdig bei dem Kind ankommen. "Das Ergebnis war jetzt nicht so gut, Du hast Dir das anders vorgestellt und ich kann verstehen, daß Du enttäuscht bist, aber es war wichtig, daß Du es probiert hast. Wenn Du das nicht probiert hättest, dann wüßtest Du das jetzt gar nicht; und Du hättest die Erfahrung nicht gemacht. Also, jetzt weißt Du, so geht es nicht. Jetzt weißt Du, wie Du es anders machen kannst. Probier' es noch einmal und dann machst Du wieder eine Erfahrung. Dadurch lernst Du. Du schaffst das schon. Und wenn Du meine Hilfe brauchst, ... ruf' mich."

In der Weise könnte man das machen. Das kann ermutigend wirken. Das Kind wird unterstützt, und es bekommt im wahrsten Sinne des Wortes "mehr Mut" - Mut, immer wieder Dinge anzupacken, wovon es nicht 100 prozentig weiß, daß es das schon kann. Es entwickelt Mut zur Unvollkommenheit. Der wichtigste Mut für's Leben! Sonst läuft in vielen Fällen die Entwicklung so: wir machen etwas, es funktioniert nicht, wir machen Fehler und denken: "Das mache ich nie wieder!"

Ein kleines Kind klettert auf einen Stuhl. Es klappt noch nicht. Das Kind fällt runter und stößt sich an, blutet auch ein kleines bißchen, aber nicht schlimm. Mutter reagiert nicht mit: "Ach Gott, hast Du Dich gestoßen. Du hättest aufpassen müssen!" Nein, sie sagt: "Komm, probier's noch mal!" Gerade dann, wenn Kinder nicht erfolgreich sind, wenn etwas mißlungen ist, dann: "Du schaffst das schon, probier's! Übung macht den Meister" usw. Das ist Mut machen, das ist **Ermutigung. Loben** tun wir für gute, für gelungene Leistungen, für Erfolge. Jetzt ist es auch leicht zu erkennen, daß Loben nicht unbedingt zu einem selbstbewußten, mutigen Menschen führt, sondern zu jemandem, der Angst hat, Fehler zu machen; zu jemandem, der nur etwas tut, wenn er genau weiß: "Das kann ich, und dafür bekomme ich 'Applaus'!" Wenn er das nicht weiß, dann zieht er sich erst mal zurück. Das sind dann die Perfektionisten. Das sind keine selbstbewußten, mutigen Menschen. Sie sind ängstlich und nur kurzfristig zufrieden ... nach dem Lob.

So macht Lob abhängig. Abhängig von Erfolg und Anerkennung von außen, die man immer und immer wieder braucht. Wie oft kann man eigentlich perfekte oder sehr gute Leistungen bringen? Das kann man nicht am laufenden Band. So hecheln wir hinter Leistungen, Erfolgen und Anerkennung her. Wir stehen auf Zehenspitzen, strengen uns an, damit wir möglichst keine Fehler machen und "gute Sachen" vorweisen können. Aber das macht unfrei; unfrei und abhänging von Personen, die uns das Lob, die Anerkennung geben. Wir werden manipulierbar. Der andere bestimmt, ob wir etwas wert sind.

Und was ist, wenn diese Wertschätzung, dieses Lob, dieser Applaus wegfällt oder weniger wird? Verstehen Sie, warum große, erfolgreiche Stars irgendwann alkohol- oder drogenabhängig sind? Weil sie schon vorher abhängig waren! Von Lob! Das fing schon früh an. Als sie noch Kinder waren.

## 8. Ich brauche Dich nicht

Wenn wir Kinder durch das, was wir sagen und tun, wissen lassen, daß wir sie nicht brauchen, ist das sehr entmutigend. Wir besprachen das schon im Kapitel über Zugehörigkeitsgefühl, daß Kinder sich zugehörig fühlen, wenn sie akzeptiert werden, so wie sie sind, und wenn sie beitragen können.

**Das war die eine Hälfte der Ermutigung:** die Beendigung der Entmutigung. Dadurch kommt der Mutvorschuß, den Kinder mit auf die Welt bringen, voll zum tragen. Sie werden Wunder erleben.

Bevor wir nun einige Techniken zur Ermutigung besprechen, würden wir Ihnen gerne den Gegensatz Lob und Ermutigung auf nachfolgender Übersicht zeigen. Diese Übersicht vermittelt nur Faustregeln, aber sie kann sehr hilfreich sein.

... und obwohl das so ist, sollen Sie bitte nicht ganz auf Lob verzichten. Es ist gut, den Unterschied zu kennen, und es ist noch besser, es nicht so **wichtig** zu **machen**. Finden Sie eine ermutigende Haltung! Schauen Sie auf das Gute, auf Fortschritte, auf Versuche. Machen Sie Fehler nicht so wichtig, und sprechen Sie dann aus, was Sie denken ohne zu zögern, auch ein Lob, aber nicht nur! Darum geht's!

| Lob | Ermutigung |
|---|---|
| **Definition:** Eine wertende Aussage über ein fertiges Produkt, über eine gelungene Leistung oder über eine Person. | Jedes Signal der Aufmerksamkeit, das das Zugehörigkeitsgefühl stärkt und Vertrauen in sich und die eigenen Möglichkeiten weckt oder stärkt. |
| **Gegeben für:** Nur Gewinner bekommen Belohnung und Lob. | Versuche und Fortschritte werden ermutigt. Insbesondere dann, wenn man nicht erfolgreich ist. |
| **Die Wirkung auf lange Sicht:** Der Gelobte fühlt sich wertvoll, wenn er von anderen Anerkennung bekommt, bzw. wenn andere sagen: Du bist wertvoll! | Der/die Ermutigte fühlt sich wertvoll so wie er/sie ist. Der Maßstab liegt in ihm/ihr. |
| **Die Haltung dahinter:** Gönnerhaft, verknüpft mit Erwartungen. | Ausdruck von Respekt. Man spricht Anerkennung oder Komplimente aus ohne Erwartungen für zukünftiges Verhalten. |

## Die andere Hälfte: Ermutigen Sie!

Wenn das Konzept von Adler und Dreikurs richtig ist, dann sind Menschen soziale Wesen, und das Wichtigste, was sie brauchen, ist, sich zugehörig zu fühlen. Eine Definition für Ermutigung lautet so: Ermutigung ist jedes Signal der Aufmerksamkeit, das das Zugehörigkeitsgefühl weckt oder stärkt. Kinder fühlen sich zugehörig, wenn sie sich so akzeptiert fühlen, wie sie sind (Säule A), und wenn sie ein Gefühl von Kompetenz entwickeln können, d.h. sie brauchen eine Chance beizutragen (Säule B).

Die Idee, daß störende Kinder entmutigte Kinder sind, ist nicht für jeden leicht zu akzeptieren. Sie sind aber entmutigt, da sie ihren Platz nicht finden oder sich nicht zugehörig fühlen konnten, weil sie nicht sinnvoll

beitragen konnten. Wie wir schon in unserem Kapitel über die vier Nahziele des störenden Verhaltens besprochen haben, ist es für entmutigte
Kinder klar, daß sie nur noch Bedeutung haben können durch nutzloses
und destruktives Verhalten.

An einem der vergangenen Neujahrstage war im Fernsehen eine kurze
Geschichte von einem 17-jährigen mexikanisch-amerikanischen Jungen, der mit seiner Mutter in die Vereinigten Staaten kam. Kurz nach
seiner Ankunft schloß er sich einer Bande im Osten von Los Angeles
an und kam sofort danach in große Schwierigkeiten und in Kontakt
mit der Polizei.

Ein Lehrer in seiner Schule fragte ihn, ob er Spanisch übersetzen
wolle in einer Schule für spanisch sprechende, entwicklungsverzögerte
Kinder und das an einigen Tagen in der Woche. Er nahm diesen Job
an und engagierte sich schon bald in anderer Arbeit. Schließlich ge-
wann er einen Preis für den hilfsbereitesten, ehrenamtlichen Schüler in
den Schulen von Los Angeles und wurde geehrt während einer großen
Party. Er verließ seine Bande und wurde ein wirklich produktives und
ermutigtes Mitglied der Gemeinschaft.

Als er interviewt wurde, klangen seine Antworten so, als hätte er Adler oder Dreikurs studiert. "Antonio, warum bist Du in diese Bande
gegangen?" fragte der Interviewer ihn. Einen Moment Stille, dann
sagte Antonio: "Weil ich mich nirgendwo zugehörig fühlte. Mitglied in
dieser Bande zu sein, gab mir das Gefühl akzeptiert zu sein." Die
nächste Frage war: "Warum hilft Dir dann die Tatsache, daß Du für
spanisch sprechende Kinder übersetzen konntest?" Antwort: "Weil ich
da wirklich das Gefühl hatte, daß ich einen Beitrag liefern konnte, und
das gab mir ein gutes Gefühl."

Mit Ermutigung können wir dafür sorgen, daß Kinder eine gute Meinung von sich bekommen, d.h. durch unsere Hilfe lernen sie, sich selbst
ein gutes Bild von sich zu machen. Wenn Kinder sich zugehörig fühlen,
dann entwickeln sie immer mehr Fähigkeiten, die es ihnen ermöglichen,
konstruktiv beizutragen, zu helfen und mitzuarbeiten. Das ist das Ziel
der Erziehung überhaupt. Ermutigte Kinder sind zufriedene Kinder. Ermutigte Kinder haben Selbstvertrauen. Ermutigte Kinder tun anderen
nicht weh, wollen nicht überlegen sein, fordern nicht ständig Aufmerksamkeit. Sie fühlen sich gut in sich selbst und haben kein Bedürfnis,
Bedeutung auf der nutzlosen Seite des Lebens zu finden. Sie fühlen, daß
sie dazugehören. Rudolf Dreikurs' Lieblingsaussage auf diesem Gebiet
war: Kinder brauchen Ermutigung, so wie Pflanzen Sonnenlicht und
Wasser brauchen.

Ermutigung soll dahin führen, daß Kinder - und wir selbst - den einzigen Mut entwickeln, den Menschen für's Leben brauchen: den Mut zur Unvollkommenheit. Nicht Perfektionismus ist das Ziel, sondern tun, was man kann, auf das Risiko hin, daß wir Fehler machen. Daraus lernen wir und machen weiter. So machen es die wirklich Großen dieser Welt, und so machen es die Kinder, wenn sie laufen lernen. Fallen, aufstehen und weitermachen: Mut zur Unvollkommenheit!

## 1. Helfen lassen

Unterstützen Sie mit Ihren Worten den Aufbau einer guten Meinung des Kindes über sich selbst. Insbesondere, daß es **helfen** und **beitragen** kann. Das ist eine der wichtigsten sozialen Fähigkeiten, die Kinder lernen müssen. Hier sind einige Beispiele:

- Ich danke Dir, daß Du mir geholfen hast den Tisch zu decken.
- Ich habe mich sehr darüber gefreut, daß wir gestern Abend zusammen spazieren gegangen sind.
- Es ist ein guter Beitrag von Dir, daß Du Deinem Bruder hilfst bei seinen Leseübungen.
- Deine Zeichnung hat wirklich so viele schöne Farben, daß ich sie gerne an die Wand hängen werde, sodaß wir alle eine Freude daran haben.
- Ich habe gesehen, mit wieviel Freude Du Fußball spielst.
- Ich habe gesehen, wie konzentriert Du gearbeitet hast, um Dein Zimmer aufzuräumen.
- Willst Du mir helfen, das Essen für heute Abend vorzubereiten? Das ist zwar nicht einfach, aber ich traue Dir zu, daß Du das kannst.

Helfen Sie Ihren Kindern, ein Gefühl von Eigenständigkeit und Selbstvertrauen zu entwickeln, indem Sie sie im Haushalt und um das Haus herum mitarbeiten lassen. Verteilen Sie Aufgaben und ermöglichen Sie älteren Kindern, jüngeren Kindern zu helfen. Das alles fördert das Zugehörigkeitsgefühl. Das alles führt zur Normalität unserer Kinder.

## 2. Mit den Kindern sprechen

Wenn wir unsere Kinder ermutigen wollen, müssen wir lernen, **mit** ihnen, anstatt **zu** ihnen, zu sprechen. Eltern erzählen in der Beratung oft, daß sie mit ihren Kindern, insbesondere mit den Jugendlichen, kaum sprechen können. Die Eltern scheinen selten fähig zu sein, etwas aus ihnen heraus zu bekommen. Wenn wir dann bitten, uns ein konkretes Beispiel zu geben, für die Art, wie so ein Gespräch anfängt und verläuft, hören wir oft folgendes: "Hallo, Chris, wie war Dein Tag?" fragt die Mutter. "Gut", sagt Chris und schaut sich im Kühlschrank um. "Dann erzähl' doch mal, was hast Du heute getan", sagt die Mutter und setzt sich auf den Rand des Küchentisches. "Nichts", antwortet Chris und nimmt ein paar Schokoladenkekse. "Was meinst Du, hast Du überhaupt nichts getan in der Schule? Willst Du mir sagen, Du hast überhaupt nichts geleistet? Immer wenn ich versuche mit Dir zu sprechen, gibst Du solche blöden Antworten", sagt die Mutter etwas verbittert.

Eine andere Frage, die Eltern oft in einer etwas drohenden Stimmlage stellen, wenn die Kinder nach Hause kommen, ist: "Hast Du Hausaufgaben?" Das ist eine tödliche Frage. "Nein", sagt das Kind, "der Lehrer hat uns keine gegeben" oder: "Ich habe sie in der Klasse geschrieben" oder: "Ich hab's vergessen." Das sind alles mögliche Antworten, die ein Kind dann geben wird. Die Eltern regen sich dann furchtbar auf und sagen: "Du vergißt immer Deine Hausaufgaben. Neulich hattest Du eine Vier in Deutsch. Warum bringst Du Deine Sachen nicht mit nach Hause, damit Du darin besser werden kannst?"

Der Versuch, mit unseren Kindern zu sprechen, indem wir Fragen stellen, ist oft ein Schuß, der nach hinten losgeht. Ein Teilnehmer in einer Eltern-Studiengruppe sagte einmal: "Wenn wir unseren Jugendlichen die Frage stellen: "Wie war es heute in der Schule?" dann reagieren sie so, als ob sie völlig daneben sind. Der Jugendliche wird irgendwas zurückrufen, in dem Sinne: "Was meinst Du. Meinst Du, ich war heute nicht in der Schule? Glaubst Du ich habe Drogen genommen? Du hast ja nie Vertrauen zu mir."

Solche Fragen der Eltern wirken nicht als Gesprächsstarter, sondern als ein Versuch, sie auszufragen. Wenn wir Leute nicht so gut kennen - oder wenn wir einen Fremden auf einer Party treffen - dann interviewen wir einander: "Wie geht es Dir?" "Was hast Du für Arbeit?" "Bist Du verheiratet?" "Hast Du Kinder?" Das sind oft Gesprächsstarter, aber unseren Kindern solche Fragen zu stellen, ist, als ob wir Informationen sammeln und sie kontrollieren wollen, und das wirkt immer als Gesprächsbremser.

Oft sind Eltern erfolgreicher, wenn sie ein Gespräch anfangen und erzählen, was sie selbst an dem Tag getan haben, und was an dem Tag so passiert ist, z.B.: "Ich habe heute gesehen, daß die Wilhelmstraße schon fast fertig ist. Die rechte Seite ist schon wieder für den Verkehr geöffnet. So konnte ich viel einfacher zur Arbeit kommen als in den letzten Wochen. Das ist schon eine Erleichterung. Ach ja, als ich dann mit dem Lift ins Büro fahren wollte, stand da eine junge Frau mit einem reizenden Hut auf. Ich habe ihr gesagt, wie gut mir ihr Hut gefällt, und wir hatten dann ein ganz anregendes Gespräch. Magst Du mir auch etwas erzählen?" Das Kind könnte darauf reagieren, daß es den Eltern auch etwas erzählt über seinen Tag, oder auch nicht. Aber die Wahrscheinlichkeit, daß dadurch ein Gespräch in Bewegung kommt, ist auf jeden Fall größer, als wenn Sie versuchen, mit Fragen zu beginnen.

Das Problem, das wir oben beschrieben haben, gilt übrigens nicht nur für die Beziehung Eltern/Kinder, sondern auch für die Partnerschaft und andere Menschen, die große Bedeutung füreinander haben.

Sprechen Sie lieber von sich, z.B.: "Ich habe Angst" oder: "Ich bin wütend, wenn Du abends spät nach Hause kommst, ohne anzurufen. Es passieren heutzutage so viele schlimme Dinge auf den Straßen; ich brauche Deine Hilfe. Bitte, ruf mich an, wenn Du nicht rechtzeitig nach Hause kommen kannst." Das ist anders, als wenn wir sagen: "Warum bist Du so spät nach Hause gekommen? Du machst mich wütend. Du machst ja auch nie, was Du versprochen hast. Es interessiert Dich wohl überhaupt nicht, wie es mir dabei geht."

Es fällt uns oft sehr schwer, erst nachzudenken, wie wir die Dinge anders sagen, als wir wollten, aber wir müssen es lernen, denn was wir am besten können, ist, anderen Vorwürfe machen, anderen die Schuld zuschieben. Wir müssen lernen, für unsere eigenen Gefühle und unsere eigenen Gedanken die Verantwortung zu übernehmen.

Wir kennen einen Jungen von 13 Jahren. Der beginnt das Gespräch mit seiner Mutter, indem er sagt: "Mutter, wenn Du nun heute einen Wunsch frei hättest, was wäre denn das?" Die Beiden haben daraus ein Thema gemacht, indem sie sich diese Frage mindestens einmal am Tag stellen. Das hilft ihnen, um genau das auszusprechen, was sie beschäftigt, und dadurch kommen gute Gespräche in Gang.

Fangen Sie an, sich darüber Gedanken zu machen und steigen Sie aus dem Prozeß des Ausfragens aus.

### 3. Fehler nicht so wichtig machen

Helfen Sie Kindern zu verstehen, daß es in Ordnung ist, wenn sie Fehler machen. Unsere Gesellschaft ist so perfektionistisch orientiert, daß wir alle Schwierigkeiten haben, unsere Fehler zu akzeptieren, und trotzdem gibt es keine Menschen, die nie Fehler machen. Kinder lernen viel aus den Reaktionen der Erwachsenen. Wenn Eltern mit sich selbst schimpfen, wenn sie Fehler gemacht haben, folgen Kinder diesem Beispiel, denn wenn wir z.B. ein Ei auf den Boden in der Küche fallen lassen, können wir mit uns selbst schimpfen oder wir können lächelnd sagen: "Ach, das wird ein schöner Tag für den Hund." Und sie rufen: "Frido, komm, hier ist ein wunderbares Eifrühstück für Dich."

### 4. Auf Stärken aufbauen

Es ist wichtig auf Stärken, und nicht auf Schwächen aufzubauen. Man könnte sagen: "Ich finde, daß Du heute gut Tennis gespielt hast. Ich bin sicher, daß das ein gutes Gefühl ist." Man könnte auch sagen: "Du hast heute gut gespielt, aber Du mußt noch ein bißchen mehr trainieren, denn Du hast einige Fehler gemacht." Das letzte weiß das Kind bestimmt schon. Lassen Sie's weg!
Als ich (John) an der High-School Ringkämpfer coachte, entdeckte ich, daß ich den Ringkämpfern nicht zu sagen brauchte, was sie falsch machten, sie wußten es schon. Ich mußte ihnen helfen, ihre Stärken zu sehen. Als sie einen Wettkampf hinter sich gebracht hatten, habe ich ihnen zwei Blatt Papier gegeben. Auf einem Blatt stand die Frage: "Was habe ich heute richtig gemacht, und was habe ich besser gemacht als das letzte Mal?" Auf dem zweiten Blatt stand die Frage: "In welchen Bereichen muß ich für den nächsten Wettkampf noch mehr trainieren?" Als ich diese Übung zum ersten Mal machte, hatten die Ringkämpfer auf das zweite Blatt fast die gleichen Antworten geschrieben als die, welche ich selbst bei meiner Beobachtung der Leute für jeden Einzelnen aufgeschrieben hatte. Sie hatten aber kaum etwas gefunden unter der Überschrift: "Was habe ich heute richtig gemacht, und was habe ich besser gemacht als das letzte Mal?" Als sie aber anfingen, sich auf diese beiden Fragen zu konzentrieren und nicht mehr auf die Frage "Wie können wir gewinnen?" hat jeder sein Bestes gegeben, und was war das Ergebnis? Sie haben gewonnen, mehrmals! Sie gewannen, als sie verstanden hatten, daß Sich-entwickeln und Fortschritte-machen wichtiger war, als gewinnen.

## 5. Verantwortung tragen lassen: Selbständigkeit fördern

Anstatt so viel für Kinder zu tun, ermutigen Sie sie lieber, daß sie sich selbst anziehen, selbst ihr Fahrrad reparieren, sich selbst ihre Milch einschenken, selbst ihre Wäsche in die Waschmaschine stecken. Echtes Glück kommt nicht durch eine überbeschützende Haltung oder Nachgiebigkeit der Eltern, sondern durch Beitragen und Eigenständigkeit.

## 6. Vertrauensvorschuß geben

Es ist ermutigend für Kinder, wenn die Eltern sich aus den Streitereien und Kämpfen heraushalten und genug Vertrauensvorschuß geben, daß die Kinder selbst ihre Schwierigkeiten miteinander regeln können. Während eines Familienrates kann man darüber sprechen und so das Streiten reduzieren.

## 7. Anlernen

Es ist wichtig, daß wir uns Zeit nehmen, um mit Kindern zu üben, bevor wir Erwartungen haben in Bezug auf bestimmte Aufgaben. Wenn wir wollen, daß ein Kind das eigene Zimmer aufräumt, müssen wir das mit ihm üben beziehungsweise ihm demonstrieren, was das bedeutet. Ein aufgeräumtes Zimmer ist für ein Kind etwas völlig anderes, als für einen perfektionistischen Erwachsenen. Wir müssen das Zimmer auch so anordnen, daß es für das Kind möglich wird, erfolgreich beim Aufräumen zu sein. Spielzeug und Kleidung müssen so angeordnet sein, daß das Kind die Sachen erreichen kann. Wenn die Ablagemöglichkeiten nicht auf seiner Höhe sind, dann wirft es die Gegenstände lieber auf den Boden. Wenn Sie nicht davon ausgehen, daß das Kind das Zimmer nicht aufräumen will, sondern daß es lernen muß, wie man es macht, dann können Sie ja fragen: "Darf ich Dir das mal vormachen?" oder: "Darf ich es Dir nochmal zeigen?" So kann das Kind dann seine Fähigkeiten entwickeln, um sein Zimmer einigermaßen in Ordnung zu halten.

## 8. Schriftliche Ermutigung[5]

Ein Ermutigungszettel oder ein Ermutigungsbrief kann nachhaltige Wirkung haben. Kinder hören uns oft nicht zu, selbst wenn wir etwas Positives sagen, aber einen Brief oder einen Ermutigungszettel zu erhalten, ist

---

[5] Siehe auch: Schoenaker: Mut tut gut. Stuttgart. 5. Auflage 1996.

auch für das Kind ein Zeichen, daß es wichtig für uns ist. Es erkennt ja, daß wir uns die Zeit und die Mühe machen, uns hinzusetzen und etwas aufzuschreiben. Mündliche Ermutigungen klingen bald aus, aber eine schriftliche Ermutigung kann man sich immer wieder durchlesen.

Wichtig ist, daß die Aussagen ehrlich und spezifisch sind, und daß wir **die** Dinge benennen, worin wir den Beitrag des Kindes erkannt haben, nämlich den Beitrag für die Familie, für die Geschwister oder auch nur für die Eltern, z.B.: "Ich schätze es, daß Du mir gestern Abend beim Spülen geholfen hast" oder: "Es war schön, daß Du gestern Abend mit mir mitgekommen bist bei meinem Spaziergang."

Nach unserer Erfahrung ist beides ermutigend: Einen Brief schreiben und einen Brief empfangen. Wir können erleben, daß Kinder dann auch selbst bald anfangen, Ermutigungszettel zu schreiben, weil sie erfahren, daß es ein gutes Gefühl gibt, etwas für andere zu tun, anderen etwas zu schenken.

Beispiele von Eltern:

• Ich habe meinem Sohn Christoph, 11 Jahre alt, eine kleine Ermutigung geschrieben:
"Lieber Christoph! Mir fällt auf, daß Du schön zeichnen kannst. Ich sehe, wie Du Dich bemühst, Dein Spielzeugauto genau nachzuzeichnen. Weiterhin viel Spaß dabei, Deine Mama."
Ich las Christoph das Zettelchen vor. Er nahm es entgegen, las es ohne Aufforderung selbst nochmal laut vor (als könnte er es kaum glauben) und bedankte sich dann. Danach ging er zur Korktafel und hängte es dort wie eine Auszeichnung auf.

• Ich habe meiner Tochter Eva Maria, 14½ Jahre alt, einen Brief geschrieben und ihn ihr vorgelesen:
Liebe Eva Maria! Ich will Dir einfach einmal sagen, wie froh ich bin, daß es Dich gibt! Ich sehe Dich heranwachsen, merke, wie Du schon beginnst, erwachsen zu werden. Es ist wunderschön für mich zu erleben, wie Du immer wieder neue Freunde gewinnst, und Dich in neuer Umgebung gut zurechtfindest. Deine Selbständigkeit bei der Erledigung Deiner Hausaufgaben ist bemerkenswert. Im Sommer hast Du den Mut gehabt, arbeiten zu gehen, und gibst Dein erspartes Geld überlegt und sinnvoll aus. Wenn Du mal eine schlechte Schulnote ergatterst, bemühst Du Dich, sie wieder auszubessern. Ich finde es schön, wie Du Dein junges Leben schon in die Hand nimmst. Ich wünsche Dir, daß Du es Dir auch gutgehen läßt, daß Du weiterhin so viel Freude am Lesen und Gedichteschreiben findest.

In stiller Zuneigung denke ich an Dich und kann nur sagen: Bleib wie Du bist! Deine Mama.

Nachdem ich Eva Maria den Brief vorgelesen hatte, strahlten ihre schönen braunen Augen, und ich fühlte Dankbarkeit für diesen wertvollen Menschen vor mir und in meinem Leben.

● Ich bin Erzieherin. Markus (5 Jahre) ist das letzte Jahr im Kindergarten. Ich schreibe:

"Markus, Du bist sehr geschickt im Umgang mit Bohrer, Säge, Hammer und Nägeln, und Du hast es geschafft, diese schwierige Arbeit alleine zu Ende zu bringen!"

Ich falte den Zettel zusammen und sage Markus, daß dieser Brief für ihn ist und er seine Mutter bitten soll, ihn vorzulesen. Am nächsten Tag erfahre ich, daß alle Familienmitglieder den Zettel vorlesen mußten und er jetzt über seinem Bett hängt. Markus ist stolz auf seine für alle sicht- bzw. lesbaren Fähigkeiten.

● Fabian (6 Jahre alt) kann noch nicht lesen. Darum habe ich ihm ein Zettelchen gegeben, worauf ich ein Herz und da hinein ein lachendes Gesicht gemalt habe. Auf der anderen Seite schrieb ich seinen Namen. Den kann er lesen. Ich habe ihn gefragt: "Fabian, hast Du Dich gefreut über das Zettelchen?" Er sagte: "Ich habe mich ganz toll gefreut. Ich hab's in meine Hosentasche gesteckt und gedacht: 'Wenn ich zappelig bin und ich nerv, dann gucke ich mir den Zettel an, und dann weiß ich: Du hast mich ganz toll lieb', und dann bin ich wieder lieb."


## Der Familienrat[6]

Beratung ist das Schlüsselwort für unsere zukünftige Gesellschaft. Immer weniger werden Menschen in der Politik, in Unternehmen, in der Wissenschaft und in der Familie alleine entscheiden können. Die Zeit, daß einer entscheidet und die anderen gehorchen, ist vorbei. Wir müssen lernen, uns mit anderen zu beraten, zu gemeinsamen Entscheidungen zu kommen und Verantwortung zu teilen. Das müssen auch Kinder so früh wie möglich lernen. Aber nicht nur das. Es gibt kein besseres Mittel für den Frieden in der Familie, als die Spielregel für Beratung in der Familie so früh wie möglich zu üben.

---

[6] Sehr zu empfehlen: Dreikurs/Gould/Corsine: Familienrat. Stuttgart

Stellen Sie sich doch mal vor, Sie würden sich im regelmäßigen Abstand - am besten ein Mal in der Woche - zu einer dafür festgesetzten Tageszeit als Familie zusammensetzen, sich gegenseitig ermutigen und miteinander über das Familienleben sprechen. Es werden Pläne gemacht, Probleme besprochen und Verantwortung geteilt. Alle Familienmitglieder dürfen sprechen und werden gehört. Der Respekt für den Einzelnen und die Atmosphäre der Gleichwertigkeit ermutigt jeden, sich auszudrücken ohne Angst vor Konsequenzen.

Stellen Sie es sich noch etwas konkreteres vor. Sie sitzen alle bei Tisch, auch das Zweijährige. Sie als Vater oder Mutter sprechen den bevorstehenden Urlaub an und nennen verschiedene Themen, worüber Entscheidungen getroffen werden müssen. Sie bitten um Hilfe. Wo bleibt der Hund? Wer sorgt für die Pflanzen? Wo soll die zweijährige Yvonne - die nicht mitkommen kann - bleiben? Jeder macht sich Gedanken. Vorschläge werden ernst genommen und notiert. Es wird abgestimmt und so eine Entscheidung getroffen. Sie werden als Eltern wohl nicht erstaunt sein, daß die zweijährige Yvonne ganz vernünftige Beiträge liefert, aber für sie ist es eine Riesenermutigung, daß sie gehört und ernst genommen wird. Positiv belegte Aufgaben sind gute Übungsfelder für den Familienrat: Ein Wochenend-Programm, die Organisation eines Geburtstagsfestes, ein Kinobesuch usw.

Das Hauptziel des Familienrates ist, gemeinsam eine Atmosphäre der Zusammenarbeit in der Familie herzustellen, und so ein Gefühl der Zugehörigkeit unter allen Mitgliedern aufzubauen. Der Familienrat soll somit grundsätzlich ermutigend sein.

Manche Eltern nutzen das Familientreffen als eine neue Gelegenheit, Kindern zu sagen, was sie tun müssen. Das ist gewöhnlich ein guter Grund, warum der Familienrat nicht funktioniert.

Wir würden gerne einige Ideen mit Ihnen teilen, die wir Eltern geben, wenn sie vorhaben, einen Familienrat zu beginnen.

• Jede Familienrat-Sitzung soll damit beginnen, daß alle Mitglieder ermutigende Aussagen über einander machen. Sie können dafür z.B. die Ermutigungsdusche[7] verwenden. Das hilft, eine positive Atmosphäre aufzubauen, um Probleme zu lösen. Man kann auch anstatt der Ermutigungsdusche so vorgehen, daß man das wirkungsvolle soziale Dreieck als Spiel einsetzt.

Die erste Sitzung kann sich darauf beschränken, einen Plan zu machen darüber, wie oft man sich treffen will, und wie lange eine Sitzung dauern

---

[7] Siehe Schoenaker, Theo: Mut tut gut. Stuttgart, 5. Auflage 1996

soll. Nach unserer Erfahrung ist es am besten, wöchentlich zusammen zu kommen und die vereinbarte Zeit auch einzuhalten und sie nicht aufzuschieben oder zu überschlagen, es sei denn, es gibt dafür wirklich ernste Gründe. Etwas ältere Kinder reagieren vielleicht besser auf einen anderen Namen als "Familienrat". Das englische Wort "Planning Meeting" wird von manchen Jugendlichen gerne angenommen. Es ist ein guter Anfang, wenn man die Aufgaben, die jeder hat, zusammenträgt und gemeinsam einen Plan macht, wie man das in der kommenden Woche in guter Atmosphäre und Zusammenarbeit fertigstellt. Wer bringt wen zum Sportverein oder zum Musikunterricht? Wer kocht? Wer füttert den Hund? So bekommt man eine Übersicht der gemeinsamen häuslichen Tätigkeiten und eine Verteilung der Familienbeiträge. Das kann alles in den ersten paar Sitzungen gemacht werden.

• Wenn sich allmählich eine mehr kooperative Atmosphäre entwickelt, dann können auch Probleme besprochen werden. Die paar ersten Sitzungen sollen die Eltern leiten, da es hier ja schließlich um Übungen in Zusammenarbeit und Respekt geht. Danach geht der Vorsitz reihum. In manchen Familien hat der Vorsitzende einen Holzhammer in der Hand. Er ist das Symbol für den Vorsitz.

• Jede Familienratsitzung braucht einen Sekretär. Die Ergebnisse, welche eine Besprechung gebracht hat, müssen aufgeschrieben werden. Am Anfang können das wieder die Eltern machen, aber so bald wie es geht, können auch Kinder diese Arbeit übernehmen.

• Wenn ein Problem besprochen wurde und mögliche Folgen ausgedacht wurden, soll darüber abgestimmt werden, welche der vorgeschlagenen Folgen in Kraft tritt. Wenn man in einem bestimmten Fall keine Übereinstimmung erreicht, kann es auch konstruktiv sein, mit der Mehrheit der Stimmen eine Entscheidung zu akzeptieren. Es ist für Kinder und Erwachsene gut zu lernen, daß man Meinungsverschiedenheiten haben kann und trotzdem in einer Atmosphäre der Zusammenarbeit zusammenleben kann.

• Es ist gut für jede Sitzung eine Tagesordnung zu haben. Die Tagesordnung nimmt die Eltern aus dem Mittelpunkt heraus und kann damit auch Machtkämpfe zwischen Eltern und Kindern im Vorfeld schon auflösen. Wenn z.B. eines der Kinder kommt und sagt: "Meine Schwester hat mein Buch aus meinem Zimmer geklaut", dann kann der Elternteil emphatisch reagieren und sagen: "Das scheint ein gutes Thema für die

Tagesordnung zu sein. Der Zettel hängt über der Heizung, wir werden dann auf der nächsten Sitzung darüber sprechen." Es ist oft schon genug, ein Thema auf die Tagesordnung zu setzen. Wenn dann die Sitzung abgehalten wird, kann man häufig erleben, daß ein Kind oder Elternteil sagt: "Nein, da brauchen wir nicht mehr darüber zu reden, das haben wir schon geregelt oder: "Das ist kein Problem mehr."

Es kann hilfreich sein, aus den Punkten der Tagesordnung eine Prioritätenliste zu machen und von vornherein eine Zeit festzulegen, wie lange man sich bei den einzelnen Themen aufhalten will.

• Das Zusammensein im Familienrat, das Arbeiten an Problemen und der Versuch, Lösungen zu finden, ist mindestens so nützlich, wenn nicht nützlicher, als das Ergebnis. Man muß nicht für alle Probleme unbedingt Lösungen finden.

• Es ist sehr wichtig, nicht allzu ehrgeizig zu sein, und nach der ersten Sitzung alle Probleme lösen zu wollen. Soziale Probleme zu lösen, ist eine der schwierigsten Aufgaben, die wir als Menschen haben. Jeder von uns braucht Zeit zu lernen, sich nicht wegen jeder Kleinigkeit aufzuregen, den anderen aussprechen zu lassen, nicht herrschen zu wollen, den anderen zu respektieren, zu geben und zu nehmen, und so in einer demokratischen Art zusammmen zu leben.

## Kinder lernen aus den Folgen[8]

Es wäre so einfach mit unseren Kindern umzugehen, wenn sie einfach tun würden, was die Eltern sagen. Aber das Problem der heutigen Zeit ist, daß kaum noch jemand bereit ist, Befehlen zu gehorchen und sich in ein Überlegenheits-/Unterlegenheitsverhältnis einzugliedern. Das hat früher besser funktioniert. Jetzt sind weder Frauen, noch irgendwelche Minderheiten einschließlich unserer Kinder noch länger bereit, als Unterlegene behandelt zu werden. Kinder wollen die autokratische Position von Eltern und Schule nicht mehr akzeptieren.

Die Autoren kennen noch aus ihrer Kindheit die Wirkung der Drohung: "Wenn Papa heute Abend nach Hause kommt, dann...". Das ist aber lange her und solche Methoden funktionieren nicht mehr. Eltern müssen Methoden finden, die die Veränderungen, die im Denken der Menschen stattgefunden haben, berücksichtigen. Durch die Folgen ihres

---

[8] Dreikurs, R./Grey, L.: Kinder lernen aus den Folgen. Freiburg 1991

Verhaltens können Kinder begreifen, daß ihr Verhalten falsch war, ohne daß sie sich unter der Überlegenheit und den Emotionen der Erwachsenen minderwertig fühlen. Wenn ein Kind z.B. seinen Ball draußen liegengelassen hat und am nächsten Morgen ist der Ball weg, dann lernt es daraus, daß es in Zukunft seinen Ball nach dem Spielen ins Haus tragen muß. Daß der Ball weg ist, ist eine Folge. Dafür braucht das Kind nicht bestraft zu werden. Die Eltern haben aber auch keinen Grund, den Ball sofort zu ersetzen. Denn dann würde das Kind lernen, es könnte mit seinen Sachen umgehen wie es will. Wenn sie kaputt oder weg sind, werden sie von den Eltern wieder ersetzt. Nein, es gibt dann vorläufig keinen Ball, bis das Kind soviel Taschengeld hat, daß es sich einen neuen Ball kaufen kann. Also nicht schimpfen, keine Schuld auf das Kind laden, sondern die Folgen wirken lassen. Der Verlust des Balles ist genug, um dem Kind zu lehren, daß es auf seine Sachen aufpassen muß.

Kinder lernen aus den Folgen.

Wenn das Kind zu schnell läuft und dabei fällt, dann tut es sich weh. Das ist eine Folge. Dadurch kann das Kind lernen, das Tempo an seine Möglichkeiten anzupassen. Wenn ein Kind mit einem Messer spielt und sich in den Finger schneidet, dann lernt es dadurch, in Zukunft vorsichtiger mit dem Messer umzugehen. Wenn ein Kind übertrieben mit dem Stuhl hin und her wackelt, dann fällt es um. Das ist eine Folge. Uns Erwachsenen könnte genau das gleiche passieren oder ist vielleicht schon das gleiche passiert. Deswegen wissen wir: "Wenn ich zu sehr mit dem Stuhl wackle, dann falle ich um und tue mir weh." Wenn solche Folgen eintreten, lernt das Kind sehr schnell, und es bedarf dazu nicht noch zusätzlichen Schimpfens oder Kritisierens der Eltern. Man kann Kinder die Folgen ihres Verhaltens erfahren lassen, nachdem man dem Kind gesagt hat, was passieren könnte. Vater kann z.B. sagen: "Wenn Du so auf dem Stuhl hin- und herwackelst, kann der Stuhl umfallen und dann tut Dir das weh." Dann kann Vater zuschauen, ohne weiter was zu tun und dem Kind erlauben, die Folge seines Verhaltens zu erfahren. Stuhl fällt um; Kind tut sich weh. Vater kann dem Kind helfen aufzustehen, nachdem es gefallen ist, aber Kritik, Schimpfen, Ablehnung gibt es dabei nicht. Dadurch lernt das Kind, daß es Vater vertrauen kann, und es lernt direkt aus dem Ergebnis seines Verhaltens. Andererseits muß man Kinder schützen, wenn sie in Gefahr sind. Dann gilt das Prinzip, entweder die Gefahr entfernen oder das Kind entfernen und nicht warten, bis die Folgen eintreten. Wenn das kleine Kind dazu neigt, durch das Gartentor auf die Straße zu gehen, warten Sie besser nicht, bis es aus den Folgen lernt. Entweder Sie schließen das Tor, oder Sie nehmen das Kind ins Haus, oder Sie leiten den Verkehr um!

**Lernen aus den Folgen im Restaurant.** Ein Freund von uns erzählte, wie sein Vater einmal mit ihm und seinen fünf Geschwistern umging. Das Beispiel bezieht sich auf das Essen im Restaurant. Es zeigt, daß, wenn man **einmal** das Richtige tut, das für immer gute Nachwirkungen haben kann. Vater war ein Handwerker, der zwar genug verdiente, um seine Familie zu unterhalten, aber Essen in einem Restaurant war ein Luxus. Das gab es höchstens zweimal im Jahr.

"Wir, 6 Kinder, Vater und Mutter, kamen im Restaurant an und bestellten unsere Mahlzeiten. Der Kellner brachte das Essen. Nach kurzer Zeit fing mein Bruder an, Ketchup in die Milch meiner Schwester zu spritzen. Das ließ sich Lena natürlich nicht gefallen. Sie nahm das Glas mit der Limonade meines Bruders und goß es über seine Pommes Frites. Meiner jüngsten Schwesters gefiel das auch, und so setzte sie das Spiel kreativ fort, indem sie mit ihren Händen in ihrem Essen herumpatschte. Meine anderen Geschwister und ich hatten, ehrlich gesagt, unsere Freude daran und verbargen das auch wohl nicht. Das war der Anfang einer großen Änderung. Vater bat den Kellner nochmal zum Tisch zu kommen und flüsterte ihm etwas ins Ohr. Ein paar Minuten später kam er zurück mit einem großen Plastik-Abfallbeutel. Vater bat jedes Kind, ihm den Teller zu geben. Mutter schaute verständnisvoll zu. Er ließ das Essen von den Tellern in diese Plastiktüte gleiten, bis kein Essen mehr auf dem Tisch war. Dann stand er auf und sagte: "Kommt, laßt uns gehen!" Alle folgten ihm in den Volkswagenbus und fuhren nach Hause. Zu Hause nahm Vater eine große Platte und ließ das Essen aus der Tüte auf diese Platte gleiten. Er stellte sie in die Mitte auf den Tisch und sagte: 'Hier ist unser Mittagessen.'"

Manch einer mag sagen, daß der Vater unseres Freundes vielleicht zu streng war mit den Kindern. Wir aber glauben, daß er Respekt zeigte. Er hat nicht gedroht, nicht gewarnt, er ist nicht wütend geworden, er hat einfach gehandelt. Es kann sein, daß er schon vorher den Kindern gesagt hatte, daß das passieren würde. Wir brauchten auf jeden Fall unseren Freund nicht zu fragen, wie die Kinder sich beim nächsten Besuch im Restaurant verhalten haben. Die Antwort ist völlig klar. Es ist so wichtig, zu handeln und nicht zu sprechen. Das ist genau das, was der Vater tat. Er und Mutter waren bereit, freiwillig einmal ihre eigene Freude am Essen im Restaurant für eine ganz wichtige Lernerfahrung der Kinder zu opfern. Manche Eltern streiten, verbieten, drohen, predigen Wochen und Monate lang über dasselbe Thema. Hieraus kann man lernen, wie es auch anders geht.

**Die Badezimmertechnik** ist eine ganz einfache Hilfe in der Erziehung von Kindern. Viele Eltern haben damit schon gute Erfolge erreicht. Die Idee kommt von Rudolf Dreikurs, der immer dann, wenn er von verzweifelten Eltern hörte, wie sie von ihren Kindern unter Druck gesetzt werden, oder wie sie von Kindern herausgefordert werden, sinngemäß sagte: Gehen Sie in das Badezimmer, und bleiben Sie solange, wie Sie glauben, daß das Kind noch darauf aus ist, Sie herauszufordern. Wenn das Kind schreit, schimpft oder an die Badezimmertür schlägt, schalten Sie einfach das Radio an, das Sie für solche Gelegenheiten dort haben, und wenn es ein bißchen länger dauert, dann nehmen Sie einfach ein Bad. Sagen Sie nicht, Sie hätten dafür keine Zeit. Überlegen Sie lieber, daß das Kind jetzt dabei ist, etwas ganz Wichtiges zu lernen, nämlich, daß es Mutter nicht in einen Machtkampf hineinziehen kann. Wenn Sie aus dem Badezimmer rauskommen, haben Sie den Gedanken im Kopf, daß das Kind etwas gelernt hat, und daß es einen großen Einfluß auf den Rest seines Lebens haben wird. Dann können Sie auch wieder freundlich sein und sich so verhalten, als wäre gar nichts passiert. Sollte das Kind wieder auf's Neue anfangen, dann gehen Sie wieder zurück ins Badezimmer.

Wenn wir als Reaktion auf das Verhalten der Kinder etwas tun, was logisch und angemessen ist, dann sprechen wir von logischen Folgen. Was Vater im Restaurant machte, konnten die Kinder - auch wenn es unangenehm war - als logisch anerkennen. Wenn das Kind Sie über Gebühr strapaziert, dann ist Ihr Gang ins Badezimmer eine logische Folge.

Logische Folgen machen es möglich, daß gegenseitiger Respekt aufrecht erhalten wird. Wichtig ist bei störenden Verhaltensweisen, die über längere Zeit immer wiederkommen, so wie Eßprobleme, Bettnässen, Streiten usw., daß dann die Folgen in einem ruhigen Moment mit dem Kind besprochen werden. Am besten ist es, wenn Sie die neue Regel mit dem Kind gemeinsam beschließen, z.B. im Familienrat. Logische Folgen wirken am besten, wenn sie eine gute Beziehung zum Kind haben. In einem Machtkampf wirken sie nicht so gut.

Wir erinnern uns an eine alleinerziehende Mutter, die an einem Encouraging-Training für Eltern teilnahm. Sie lebte in einer Sozialwohnung und hatte Angst, daß sie das Haus verlassen müßte wegen ihrem destruktiven 5 Jahre alten Sohn. Er schrieb auf die Wände, innen und außen, machte Sachen kaputt und nahm sozusagen das Haus auseinander. Eines Tages fand er Farbkreide und fing an, die Außenseite des Hauses zu bemalen. Normalerweise würde Mutter furchtbar wütend werden, ihn anschreien, ihn schütteln oder schlagen. Jetzt, wo sie Neues über logische Folgen gelernt hatte, blieb sie sehr ruhig und fragte ihn, ob er jetzt die Wand abputzen möchte oder nach Beendigung der Sesamstraße. Er sagte: "Lieber jetzt." Da gab sie ihm einen Eimer mit Seifenwasser und eine Bürste und begleitete ihn bis zur bemalten Wand. Dann fing er an, die Kreide abzubürsten. Während der nächsten 15 Minuten machte es ihm Spaß. Während der letzten 45 Minuten des Reinigungsprozesses hatte die Aktivität keine Freude mehr gemacht. Schließlich hat er es trotzdem fertiggemacht, kam dann ins Haus und sagte: "Mutter, ich glaube, ich werde nicht mehr an die Wand malen." Die Mutter war natürlich sehr ermutigt, weil sie merkte, daß die logischen Folgen wirkten, aber das wichtigste für sie war, daß sie jetzt keine Schuldgefühle haben mußte über die Schläge, die sie ihm möglicherweise ausgeteilt hätte.

Logische Folgen können so gut helfen, um die feindseligen Gefühle des Strafens und die Schuldgefühle danach zu vermeiden. Wenn man logische Folgen verwendet, hilft das dem Kind zu erkennen, daß die Folgen fair sind, und deshalb wird auch das Bedürfnis sich zu rächen enorm reduziert. Das Zugehörigkeitsgefühl nimmt zu und das Kind kann wieder Vertrauen und Gemeinschaftsgefühl entwickeln. Das ist es, was es im Grunde gerne will.

Wenn wir Eltern helfen wollen, herauszufinden, was eine geeignete logische Folge ist, dann geben wir folgende  Faustregel: **"Versetzen Sie sich - als Erwachsene - selbst in die Situation des Kindes und fragen Sie sich aus der Sicht, was jetzt für Sie logisch wäre. Das, was für die Erwachsenen logisch ist, ist auch logisch für das Kind."** Zum Beispiel: Wenn Mutter die Milch umstößt, dann putzt sie sie auf. Wenn Vater etwas kaputtmacht, dann kauft er einen Ersatz dafür. Wenn der Vetter Chris ins Bett macht, dann wechselt er die Bettlaken. Wenn Vater den Bus zur Arbeit verpaßt, dann fährt er halt mit dem Taxi und bezahlt die Kosten. Wenn Onkel Gunther sein Mittagessen nicht mit zur Arbeit nimmt, dann wird er halt Hunger haben oder er wird sich von jemand etwas ausleihen.

Diese Faustregel ist hilfreich, wenn wir logische Folgen ausdenken wollen, die für das Kind zutreffen. So lernen Kinder, daß es Spielregeln gibt, die für alle gelten.

Logische Folgen führen zu verantwortungsbewußten, eigenverantwortlichen Menschen. Strafen führt zu Demütigung und gibt das Recht, wieder andere zu demütigen, zu verletzen.

Wenn ein Kind seine Puppe draußen liegenläßt und sie ist am nächsten Tag verschwunden, dann kann es halt mit der Puppe nicht mehr spielen. Das ist logisch. Das kann es verstehen.

Wenn es seine Puppe draußen liegenläßt und dafür nicht Fernsehen darf, dann ist das unlogisch. Das ist Strafe. Das kann es nicht verstehen und deswegen rebelliert es.

Wenn das Kind ein Glas Milch umstößt und unterstützt wird, den Schaden selbst zu bereinigen, kann es das verstehen. Das ist logisch.

Wenn es ein Glas Milch umstößt und Mutter schimpft und bereinigt selbst den Schaden, dann ist das unlogisch. Das ist Strafe.

Wenn die jugendliche Tochter tagelang das Geschirr-Spülen vernachlässigt, obwohl das vereinbart war, und Mutter hat am nächsten Tag kein Essen gekocht, weil sie keinen sauberen Topf und keine sauberen Teller hat, dann ist das logisch. Wenn Mutter selbst spült, kocht und schimpft und der Tochter verbietet, am Wochenende auszugehen, ist das unlogisch. Das eine hat mit dem anderen nichts zu tun. Sie kommt in einen Machtkampf.

Wenn Sie unter Alkoholeinfluß Auto fahren und eine Gefahr auf der Straße darstellen, dann verlieren Sie Ihren Führerschein. Das können Sie verstehen. Das ist logisch.

Wenn ein wütender Polizist aber bestimmen würde, daß Sie deswegen sechs Wochen lang Ihre Lieblingsspeise nicht essen und Ihre Freunde nicht besuchen dürfen, wäre das unlogisch. Sie würden fragen: "Was hat das eine mit dem anderen zu tun?" Nichts! Immer, wenn Sie auf diese Frage "**nichts**" antworten, haben Sie es mit **Strafen** zu tun. Logische Folgen sind in ihrem Verknüpftsein mit der Tat logisch und leicht verständlich, sie gelten für alle und bedürfen keiner Emotionen. Ihr Kollege und Ihre Mutter würden unter den gleichen Bedingungen auch den Führerschein verlieren. So lernen wir, uns das nächste Mal nach Alkoholgenuß fahren zu lassen. Nicht nur Kinder lernen aus den Folgen.

**Zu Hause bleiben müssen.** Das war jahrelang eine Methode, um Kinder für alle möglichen Arten von "Sünden" zu bestrafen. Erwachsene haben geglaubt, wenn man dem Kind verbietet, mit seinen Freunden zu spielen, ihm verbietet zu telefonieren, es nicht an Sportveranstaltungen teilnehmen läßt oder ihm verbietet, Oma zu besuchen, daß das helfen würde, damit das Kind sich nützlicher verhält. Manchmal reagieren Kinder gut darauf, aber in den meisten Fällen sehen sie es einfach als Demütigung und eine Form der Strafe. Wenn sie in einer solchen Art "aus dem Verkehr gezogen werden", reagieren sie in der Regel mit Machtkämpfen oder mit Vergeltung. Langfristig hat es keine gute Wirkung.

Manchmal haben Kinder, die mit Zuhause-bleiben-müssen bestraft werden, das Gefühl, daß das für immer gilt. Wir haben einen Jungen von 8 Jahren, der sich nach Ansicht der Eltern nicht richtig verhielt, gefragt:

"Wie lange mußt Du zu Hause bleiben?" Und er sagte: "Ich glaube, bis ich erwachsen bin." Es klang, als spräche er von einer lebenslänglichen Gefängnisstrafe ohne Amnestie. Oft, wenn ein Kind aus dem Verkehr gezogen wird, hat es überhaupt keine Idee, was es tun kann, um das ungeschehen zu machen. Wir fragten denselben 8 Jahre alten Jungen, was er meine, daß er tun müsse, um sich wieder frei bewegen zu können, und er sagte: "Mein Vater hat mir nur gesagt, daß ich mich bessern muß." Als wir ihn dann fragten, was das bedeutet, sagte er: "Ich weiß es nicht." Trotzdem meinen seine Eltern, daß er das wissen sollte. Schließlich soll er bessere Noten in der Schule haben, seine Arbeiten um's Haus herum zur rechten Zeit fertig haben und aufhören, seinen Bruder zu schlagen und überhaupt aufhören, solch ein lästiges Kind zu sein.

Wir glauben, daß Zuhause-bleiben-müssen in ganz bestimmten Situationen eine logische Folge sein kann. Es kann als logische Folge angewendet werden, wenn es geht um: zu spät nach Hause kommen aus der Schule; sich nach dem abendlichen Ausgang nicht an die Zeit halten oder im Drogenrausch nach Hause kommen. Zuhause-bleiben-müssen ist nicht logisch, wenn es verwendet wird, um Kinder für ihr unordentliches Zimmer, für Verleumdung, für Lügen, für Streit mit Geschwistern usw. zu bestrafen.

Als Beispiel: Wenn ein Kind eine abendliche Ausgangsvereinbarung verletzt, würden wir vorschlagen, daß die Mutter zu Johann sagt: "Am letzten Wochenende bist Du sehr spät nach Hause gekommen, und jetzt fragst Du mich, ob Du nach dem Fußballspiel noch zum Tanzen gehen kannst. Da die Tanzveranstaltung um 23.00 Uhr aus ist, sage mir, wann Du nach Hause kommen willst, um 23.30 Uhr oder um 24.00 Uhr?" Johann könnte sagen: "Aber Mutter, das ist doch verrückt, natürlich um 24.00 Uhr, klar." Mutter: "Wenn Du Dich an diese Abmachung nicht hältst und um 24.00 Uhr nicht da bist, würdest Du dann wählen, ein oder zwei Wochenenden zu Hause zu bleiben?" Johann könnte mit ruhigem Gewissen sagen: "Das ist genauso verrückt. Ein Wochenende natürlich."

Wenn er nun sogar nur ein paar Minuten später nach Hause kommt, ohne vorher angerufen zu haben und seine Verspätung zu erklären, braucht Mutter nicht aufgeregt zu sein, zu schreien oder zu schimpfen. Alles, was sie zu sagen hat, ist: "Es tut mir leid, daß Du zu spät gekommen bist. Wir sprechen dann morgen darüber."

Am nächsten Morgen würde Mutter nur Johanns Entscheidung, ein Wochenende zu Hause zu bleiben, bestätigen. Es gibt dann überhaupt keinen Grund mehr, zu streiten, zu moralisieren oder zu belehren.

"Zuhause-bleiben-müssen" sollte nur selten verwendet werden, und nur dann, wenn es in einem logischen Zusammenhang mit dem störenden Verhalten steht.

So können wir zusammenfassen:

Logische Folgen sind:

1. logisch
2. respektvoll
3. angemessen

Sie brauchen:

1. eine gute Beziehung, d.h. Ihre Bereitschaft, aus Ihrer Machtposition auszusteigen,
2. eine sachliche Einstellung, denn Emotionen gehören zum Strafen,
3. eine konsequente Anwendung.

## Beschränkte Wahlmöglichkeiten

Dieses Thema steht nicht umsonst an letzter Stelle in der Reihe der Methoden. Zuerst haben wir neue Möglichkeiten, wie man als Eltern mit **Verantwortung** und **Zeit** umgehen kann, beschrieben, dann die Wichtigkeit betont, der Entmutigung ein Ende und sich eine **ermutigende Haltung** zu eigen zu machen. So kann der **Familienrat** gelingen und das Zusammenleben erleichtern. Dann werden Sie als Eltern zur weiteren Selbsterziehung zum Wohle der Kinder herausgefordert, indem Sie sich zurücknehmen aus dem üblichen Strafen und Kinder **aus Folgen lernen** lassen.

Die **beschränkten Wahlmöglichkeiten** bauen auf Ermutigung und Familienrat auf. Sie können eine weitere echte Hilfe sein, die Kinder auf die Zukunft vorzubereiten, indem wir sie zur Zusammenarbeit führen.

Kindern Befehle zu erteilen, ist wenig effektiv für die Entwicklung einer kooperativen Familienatmosphäre. Kinder kommen allzuleicht in einen Machtkampf, wenn sie gezwungen werden, etwas zu tun. Sie liefern passiv oder aktiv Widerstand. Stellen Sie sich mal vor: Mutter geht zu ihrem Sohn und sagt: "Walter, geh' jetzt den Hund füttern!" "Warum muß ich das immer machen, Annemarie braucht das nie; ich muß hier immer alles alleine machen", wimmert der Kleine im Anlauf zum Machtkampf. "Ich habe dir gesagt, du sollst jetzt den Hund füttern - und zwar jetzt, ich meine es. Wenn du nicht für den Hund sorgst, dann geben wir ihn wieder weg" schreit die Mutter. "Ach, das wirst du nicht machen, du liebst den Hund genauso viel wie ich" sagt er mit einem verstohlenen

Grinsen. Schließlich ist Mutter verzweifelt, schlägt ihn und schickt ihn in sein Zimmer. Dann füttert sie den Hund selbst.

Eltern, die einen individualpsychologischen Erziehungsstil leben, würden beschränkte Wahlmöglichkeiten anbieten. Es ist unsere Überzeugung, daß es unsere einzige Möglichkeit ist, zufriedenstellender mit unseren Kindern umzugehen. Das autokratische System des Befehlens und Forderns ist absolut unwirksam, und sogar wenn es wirkt, trägt es nur dazu bei, eine machtorientierte Beziehung zwischen Eltern und Kindern herzustellen. Anarchie ist gut für eine Person, die ohne Kontakt zu anderen Menschen lebt, aber sobald es mehr Menschen in einem sozialen System gibt, müssen wir uns für die individualpsychologische Lösung entscheiden.

Wir glauben, daß alle Kinder Wahlmöglichkeiten brauchen. In den vergangenen Jahren haben wir öfters Eltern, die mit Kindern in einer Machtkampfbeziehung lebten, die Möglichkeit von beschränkten Wahlmöglichkeiten vorgeschlagen und sie haben damit erfolgreich gearbeitet. Es ist ungefähr acht Jahre her, daß einer von uns Autoren nach einem individualpsychologischen Seminar mit einem Teilnehmer sprach. Der Seminarteilnehmer sagte: "Ich bin Polizist. Ich habe wieder geheiratet. Meine Frau hat zwei Kinder und ich selbst habe zwei. Ich sehe ein, daß Wahlmöglichkeiten-anbieten in der Familie helfen kann, zufriedenstellender mit allen auszukommen; aber wie könnte nun ein Polizist, wenn er seinen Job auf der Straße tut, Wahlmöglichkeiten anbieten?" Ich wußte keine gute Lösung. So gingen wir auseinander, und drei Wochen später rief er an. "Ich muß Dir etwas Interessantes sagen. Es ist so interessant, daß ich es selbst kaum glauben kann. Ich nehme niemanden mehr fest, ohne ihm eine Wahlmöglichkeit zu bieten. Ich frage: Soll ich Ihnen die Handschellen vorne oder hinter Ihrem Rücken anlegen? - Die meisten stehen dann völlig verdutzt da und halten brav ihre Hände nach vorne. Mein Kollege und ich kämpfen nicht mehr und drücken den Betreffenden nicht mehr auf den Boden. Das macht das Leben so viel einfacher. Es kann sein, daß das gegen die Spielregeln ist, aber wir kämpfen nicht mehr mit den Leuten, und das ist sehr angenehm. Wir befehlen den Leuten nie, in den Wagen zu steigen. Wir fragen immer: Wollen Sie auf der rechten oder auf der linken Seite in den Wagen steigen? - und dann steigen sie wie ganz nette Leute an irgendeiner Seite ein."

Wenn die Betrunkenen und die Verbrecher in der Hafenstraße die Möglichkeit haben, eine würdige Behandlung durch Wahlmöglichkeiten zu bekommen, sollen unsere Kinder diese dann nicht haben?

Das war die Zeit, wo wir entschieden haben: **Alle Kinder brauchen Wahlmöglichkeiten!**

Nein, Wahlmöglichkeiten in der Erziehung sind kein Trick, um Kinder tun zu lassen, was wir meinen, daß sie sollten.

Hier sind ein paar Überlegungen dazu:

• Wenn wir jemand wählen lassen, ist das respektvoller, als wenn wir befehlen oder Druck ausüben. Niemand will mehr Befehle annehmen.

• Wenn ein Kind sich in einem Machtkampf befindet und zeigt, daß es "dagegen" ist, dann kann es sein, daß es sein Machtkampfdenken ändert, wenn wir ihm zwei Möglichkeiten anbieten. Anstatt, daß das Kind denkt: "Ich werde das nicht tun", kann es sein, daß es anfängt sich zu fragen: "Werde ich es jetzt machen oder nach dem Essen."

• Unsere Zuhörer fragen oft: "Wenn wir diese Wahlmöglichkeiten anwenden, wird es dann immer funktionieren?" Unsere Antwort: "Nein!" Wir sprechen über Möglichkeiten. Es ist eine höhere Wahrscheinlichkeit, daß wir Kinder zur Zusammenarbeit gewinnen, wenn wir Wahlmöglichkeiten anbieten, als wenn wir Kindern Befehle geben oder betteln, uns zu helfen.

• Wenn das Kind sagt: "Ich werde in fünf Minuten den Hund füttern", dann hat es damit einen mündlichen Vertrag mit den Eltern geschlossen. Jetzt können die Eltern das Kind freundlich daran erinnern, und das ist schon ein wichtiges Ergebnis.

• Wenn wir Worte verwenden wie "später" oder "nachdem", dann verwenden wir keine beschränkten Wahlmöglichkeiten. Später und nachdem sind Ewigkeitswörter. Später und nachdem gibt es nie, wenn wir fragen: "Willst Du den Mülleimer jetzt rausstellen oder später?" und das Kind sagt: "Ich werde es später tun", dann haben Sie sich selbst vor ein Problem gestellt. Sie können dann ja zum Kind sagen: "Hallo, Liebling, jetzt ist es später, also bring' den Mülleimer raus." Natürlich wird das Kind dann antworten: "Es kann sein, daß es bei dir später ist, aber bei mir ist es das noch nicht."

Nein, wir müssen Worte verwenden wie: vor, sofort nach, oder jetzt. Wenn Sie bestimmte Wahlmöglichkeiten verwenden wollen, dann fragen Sie das Kind:

"Willst Du den Mülleimer **jetzt** raustragen oder **vor** dem Essen?"

"Willst Du Deine Hausaufgaben **jetzt** erledigen, oder **sofort nachdem** das Fernsehprogramm zu Ende geht?"

"Willst Du den Tisch **jetzt** decken oder lieber 10 Minuten **vor** dem Mittagessen?"

Wenn Sie eine Wahlmöglichkeit anbieten, dann halten Sie immer Ort und Zeit im Auge. Bieten Sie dem Kind eine Wahlmöglichkeit, indem Sie sagen: "Du kannst im Wohnzimmer bleiben, dort ruhig spielen, oder Du kannst rennen und laut sein in der Garage oder im Garten."

• Wahlmöglichkeiten können für praktisch alle Arten von Verhaltensweisen verwendet werden. Sie sollen aber der Ausdruck einer respektvollen Beziehung sein. Eine Mutter sagte: "Ich verstehe gut, warum die Wahlmöglichkeiten zwischen meinem Mann und unserem Sohn Hans (12 Jahre) nicht funktionieren. Mein Mann sagt zwar freundlich: "Willst Du jetzt Dein Fahrrad in die Garage stellen oder in einer Vietelstunde?" Er meint aber - mit Wut im Bauch -: "Wenn Du jetzt, verdammt noch 'mal, nicht endlich so mit Deinem Fahrrad umgehst, wie ich es für richtig halte, dann knallt's!" Hans spürt das genau und lehnt sich dagegen auf, indem er so tut, als hätte er nichts gehört. Das bringt meinen Mann zur Weißglut. Schließlich haut er Hans eine runter."

• Wahlmöglichkeiten funktionieren nicht, wenn man sich gerade mitten in einem Machtkampf oder einem Rachekreislauf befindet. Und in gefährlichen Situationen kann es keine Wahlmöglichkeiten geben. Sie können sich ja vorstellen, daß man ein Kind, das auf der Straße steht, nicht fragen kann: "Willst Du jetzt dem Lastwagen aus dem Wege gehen oder in 5 Minuten?" Wenn Kinder in Gefahr sind, muß man handeln ohne zu sprechen. Hier gelten keine Überlegungen zu logischen Folgen. Hier ist die Verantwortung der Erzieher gefragt.

• Es gibt noch einen interessanten Aspekt bei der Anwendung von beschränkten Wahlmöglichkeiten, den viele Menschen nicht bedenken. Wenn wir eine gute Atmosphäre in unserem Haus haben wollen, wobei die Eltern maßgebend sind, dann muß man die Macht teilen. Diejenigen, die Angst haben, ihre Macht zu teilen (Lehrer, Eltern, Chefs usw.), verlieren meistens die Kontrolle. Wenn wir die Macht mit den Kindern teilen durch den Familienrat, durch Klassenrat oder dadurch, daß wir Wahlmöglichkeiten anbieten, geben wir Kindern das Gefühl, Macht zu haben in einer konstruktiven und nützlichen Weise. Wenn wir die Macht nicht mit ihnen teilen, werden Kinder darum kämpfen, sie zu bekommen, und meistens in einer schädlichen, nutzlosen Art. Sie werden den Eltern demonstrieren, daß sie die Macht verloren haben. Es ist fast paradox. Derjenige, der die Kontrolle behalten will, verliert als Erster die Selbstkontrolle, wenn es danach aussieht, daß er die Kontrolle über andere verliert. Menschen, die eine kontrollierende Persönlichkeit entwickelt haben, können diese Neigung zur Kontrolle auch als Plus sehen. Wer **Selbst**kontrolle hat, der kann auch Kontrolle über die **Situation** ausüben, aber er wird **keine Kontrolle über andere Menschen** ausüben können.

Hier ist noch ein Beispiel für die Anwendung von beschränkten Wahlmöglichkeiten, das alle obigen Aspekte einschließt:

Vater könnte sagen: "Sally, Dein Hund Rover muß gefüttert werden. Willst du ihn **jetzt** füttern oder **vor** dem Essen?" (Vater zeigt Respekt für Sally, indem er die Wörter jetzt oder vor verwendet, und er gibt damit auch etwas von seiner Macht ab). "Oh, ich werde es wohl vor dem Essen machen", sagt Sally. Es scheint, daß Vater ihre Zusammenarbeit gewinnt, und sie hat eine mündliche Vereinbarung getroffen. Das Essen wird auf den Tisch gestellt und Rover hat noch nichts zu essen bekommen. Sally kommt zum Essen mit dem Rest der Familie und alles, was jetzt Vater zu tun hat, ist zu sagen: "Sally, Du mußt Rover noch füttern" (eine freundliche Erinnerung). "Werde ich Dein Essen in die Microwelle stellen oder soll ich es auf dem Tisch lassen, bis Du wieder da bist?" (Das ist eine andere Wahlmöglichkeit). Sally sagt: "Ach ja, ich hab's vergessen. Ich mach's jetzt. Laß' das Essen mal stehen. Ich bin bald zurück."

Wenn das Kind aber sagt: "Keine der Wahlmöglichkeiten ist für mich akzeptabel", so schlagen wir Eltern vor, daß sie einfach dieselben Wahlmöglichkeiten noch ein paarmal wiederholen. Wenn das Kind nicht zusammenarbeiten will und beispielsweise sagt: "Ich werde nie eine Entscheidung treffen. Ich werde lieber Susanne fragen, als daß ich tue, was Du willst. Ich hasse die ganze Welt", dann würden wir vorschlagen, sich aus dieser Art der Konfrontation zurückzuziehen.

Sie werden sich nicht in einen Machtkampf hineinziehen lassen. Sie werden sagen: "Sally, ich will nicht mit Dir kämpfen, denn so einen Kampf kann niemand gewinnen. Wenn Du Rover nicht fütterst, werde ich es selbst machen." Weiter keine Androhungen. Sie füttern Rover, weil es die Notwendigkeit der Situation verlangt. (Machen Sie nicht Susanne zum guten Kind, das jetzt an der Stelle der bösen Sally den Hund füttert). Sie werden dann das Thema "Rover füttern" auf die Tagesordnung des Familienrates setzen. Dabei kann dann das Problem in Ruhe besprochen werden. Was schlägt Sally vor? Was meint Susanne? Welche Ideen haben die Eltern (nicht Rache oder Heimzahlen oder gewinnen wollen). So gibt es einen Neuanfang.

Sie sind beim Lesen vielleicht auch selbst schon auf eine andere Idee gekommen. Wenn die Beziehung stimmt, wenn die A-Säule steht und Sie nicht in einem Machtkampf sind, können Sie auch schon ohne Familienrat die Idee des Kindes hören.

Eine Mutter berichtet: "Ich frage meinen Sohn: 'Willst Du die Blumen lieber vor oder nach den Hausaufgaben gießen?' Er überlegt und sagt: 'Ich würde das gerne machen, wenn ich die Nachschrift geübt habe, denn ehe ich dann mit Mathe anfange, tut mir eine kleine Pause und ein bißchen Bewegung ganz gut'." Ich finde das wunderbar und merke, daß die Kinder oft sehr konstruktive Ideen haben, wenn wir nicht in einem Machtkampf stecken. Es ist für Kinder auch sehr ermutigend, wenn sie ihre eigenen Ideen umsetzen dürfen.

Hier ist eine Liste mit Wahlmöglichkeiten, um Ihnen das Anfangsdenken zu erleichtern:
- Willst du Dich duschen oder ein Bad nehmen?
- Brauchst Du 30 oder 45 Minuten für Deine Hausaufgaben?
- Wirst Du Deine Hausaufgaben machen, wenn Du nach Hause kommst oder lieber 30 Minuten vor dem Essen?
- Willst Du Dein Zimmer morgens sofort nach dem Aufstehen in Ordnung bringen oder kurz bevor Du zum Frühstück kommst?
- Willst Du lieber erst die Aufgaben machen mit den geraden Zahlen oder die mit den ungeraden Zahlen?
- Willst Du Deine Zähne mit warmem oder mit kaltem Wasser putzen?
- Willst Du Deine Zahnpasta auf die Bürste tun oder soll ich es machen?
- Willst Du lieber den Tisch decken oder den Salat machen?
- Willst Du den blauen oder den gelben Pulli anziehen?
- Willst Du um 7.oo Uhr aufstehen oder 10 Minuten nach 7.00 Uhr, um für das Frühstück um 7.30 Uhr fertig zu sein?
- Die Party ist um 22.30 Uhr zu Ende. Willst Du dann noch mit Deinen Freunden ein bißchen zusammenbleiben und um 23.30 Uhr zu Hause sein oder lieber um Mitternacht um 24.00 Uhr?
- Willst Du jetzt andere Kleider anziehen oder bevor Du Deine Lasagne ißt?
- Willst Du jetzt Dein Mittagsschläfchen halten oder wenn wir Dein Abenteuerbuch gelesen haben?
- Willst Du, daß ich Deine Hand halte oder willst Du meine Hand halten?
- Willst Du Dein Zimmer alleine aufräumen oder hast Du es lieber, daß Du mir erst hilfst, mein Zimmer aufzuräumen, und daß ich Dir dann helfe, Deines aufzuräumen?
- Willst Du DM 4,-- oder DM 5,-- bezahlen von Deinem wöchentlichen Taschengeld für das Fenster, das Du kaputtgemacht hast? Es kostet ja DM 50,--.

Die Anwendung von beschränkten Wahlmöglichkeiten kann das Leben wesentlich freundlicher und leichter machen. Probieren Sie es aus! Sie werden herausfinden, wie hilfreich es sein kann.

# Anke und Norbert: "Die haben's geschafft!"

Ein Bekannter von uns kam zurück aus seinem Urlaub in Thüringen. Nach der Wende 1990 hat er dort Freunde gefunden. Zu denen gehört auch ein Ehepaar mit vier Kindern. Er hat sie schätzen gelernt, weil sie mutig ihre neue Lebenssituation angepackt haben, weil sie gerne Neues lernen, und weil man sich gut mit ihnen unterhalten kann ... wenn - so hatte er uns früher schon 'mal gesagt - die Kinder nicht wären.

So war eine unserer ersten Fragen: "Und, wie war es bei Anke und Norbert?" "Ja, ich war vier Tage dort und wir hatten eine schöne Zeit zusammen." "Und wie waren die Kinder?" "Das könnt Ihr Euch kaum vorstellen. Die Kinder sind ganz anders, als ich sie früher erlebt habe. Erst dachte ich, es läge an mir, aber dann hab' ich einfach gefragt: "Was habt Ihr mit Euren Kindern gemacht?" Sie haben mir dann begeistert und ausführlich über die Individualpsychologie erzählt. Ihr beschäftigt Euch doch auch damit?", fragte er nebenbei. "Ja, das ist sozusagen unsere Haupttätigkeit, aber erzähl' weiter."

"So etwa vor einem Jahr - kurz nachdem ich früher als geplant meinen Besuch bei Anke und Norbert abbrach, weil die Kinder, 5, 6, 7 und 12 Jahre alt, die ganze Szene beherrschten - muß Anke wohl zusammengebrochen sein. Das nicht nur, weil die Kinder "unmöglich" waren, sondern auch, weil ihre Ehe dadurch derart gelitten hat, daß Anke nicht mehr konnte. Über den Hausarzt sind sie dann bei einem Individualpsychologen gelandet." "Was haben sie gemacht?" "Das kann ich Euch sagen, denn ich hab' alles genau aufgenommen, weil ich gemerkt habe, daß man die Methoden nicht nur bei Kindern - ich hab' selbst ja keine - einsetzen kann, sondern auch in dem Umgang mit Erwachsenen. Ja, ich kann es zum Beispiel, vielleicht mit einigen Abstrichen, in meiner Firma umsetzen." "Ihr habt uns damals doch erzählt von Bettnässen, von Kämpfen, von schlechten Schulnoten usw." "Das ist alles vorbei." "Wirklich?" Wir taten so, als würden wir es kaum glauben, obwohl wir diese Erfolgsgeschichten ja aus eigener Beratungs-Praxis allzugut kennen. "Die Jüngste, Bettie, ist trocken. Der Frank und der Willie kommen relativ gut miteinander aus. Der Berti, das Problemkind, hat gute Schulnoten, macht seine Hausaufgaben alleine und man "riecht" den Frieden in der Familie." "Und wie geht es den beiden, Anke und Norbert?" "Die haben einen Neuanfang gemacht. Sie reden mehr miteinander. Nicht nur über die Kinder, sondern über alles, was sie beschäftigt: Arbeit, Gefühle, Probleme. Ja, den beiden geht's gut. Die haben es geschafft. Aber ich glaube, das

Wichtigste ist, daß sie ihre Kinder ernstnehmen und weniger auf Fehlern herumreiten. Sie ermutigen ihre Kinder und geben Verantwortung ab. Das werde ich in der Firma auch machen. Sie haben erzählt von der verheerenden Wirkung von Meckern, Nörgeln und Kritisieren und von der Sinnlosigkeit des Strafens. Sie haben mich begeistert für den Familienrat, für logische Folgen und Wahlmöglichkeiten, aber wem erzähl' ich das! Das wißt Ihr ja alles besser als ich. Um eine lange Geschichte kurz zu machen: Ich gehe in 4 Wochen wieder hin, weil man sich auch mit den Kindern gut unterhalten kann."

# III. Die Praxis

## Lassen Sie die A-Säule stehen

Die A-Säule finden Sie in unserem Kapitel über das Zugehörigkeitsgefühl. Die A-Säule ist die Säule der Liebe. Lassen Sie sie stehen, wenn
Sie das Verhalten Ihres Kindes ändern wollen. Praktisch heißt das:
**Nehmen** Sie Ihr Kind **an**, so wie es ist in diesem Moment. **Glauben** Sie,
daß das Kind, so wie es ist, gut genug ist. Haben Sie **Vertrauen**, daß
das Kind sich in seiner Art richtig entwickeln wird. Schauen Sie auf Ihr
Kind als auf ein Bergwerk reich an Edelsteinen von unschätzbarem Wert
und wissen Sie mit Sicherheit, daß diese Edelsteine durch Ihre Erziehung ans Licht gebracht werden. Drücken Sie das aus in einem **freundlichen Blick**, in Ihrer **freundlichen Stimme**, in Ihrer Bereitschaft **zuzuhören**, wenn das Kind sprechen will, in Ihrem **Körperkontakt**, in Ihrer
**Begeisterung**, mit der Sie Entwicklungen des Kindes unterstützen und in
Ihrer **respektvollen Haltung**. Üben Sie diese Qualitäten, dann stabilisieren Sie die A-Säule.
Liebe heißt nicht, daß Sie Ihr Kind alles machen lassen, was es will.
Liebe heißt nicht, daß Sie das Kind vor allen Unannehmlichkeiten schützen. Liebe heißt nicht, daß Sie alles tun, um aus Ihren Kindern perfekte
Menschen zu machen, Liebe heißt nicht, daß Sie Ihre Kinder verwöhnen.
Gefühle von Liebe und Verbundenheit wachsen von selbst, wenn wir
einander helfen und eine Atmosphäre der Zusammenarbeit in der Familie
entwickeln. Diese Entwicklung können Sie unterstützen, indem Sie gut
über Ihr Kind denken und die A-Säule stabilisieren. Diese liebevolle
Atmosphäre wird reduziert, wenn wir miteinander in Konkurrenz leben,
wo einer besser sein will als der andere, wo wir miteinander kämpfen
und kritisieren, Rechthaben wollen, meckern, nörgeln, belehren, strafen,
die Stimmung verderben.
Die hiernach folgenden Problemfälle, die die meisten Eltern kennen,
beschreiben wir so, daß Sie - technisch gesehen - wissen, was Sie tun
sollen. Sie konzentrieren sich dabei im Grunde auf die B-Säule, d.h. auf
das Verhalten. Sie entscheiden, daß Ihr Kind neue Lernerfahrungen machen muß. Sie werden mit unseren Anweisungen erfolgreich sein, wenn
Sie die **A-Säule stehen lassen**. Schütten Sie - wenn Sie helfen wollen,
daß Ihr Kind sich anders verhält - nicht das Kind mit dem Bade aus.

Wenn Sie Ihr Kind ablehnen, weil es sich nicht so verhält, wie Sie meinen, daß es soll, dann werfen Sie die A-Säule um. Wenn Sie es links liegen lassen, es beschimpfen, es schlagen, dann werfen Sie die A-Säule um. Trennen Sie zwischen dem Kind (die A-Säule) und seinem Verhalten (die B-Säule). Sie können das Verhalten ablehnen und es korrigieren, aber Ihre Korrekturmaßnahmen werden nur fruchten, wenn Sie die A-Säule stehen lassen. Üben Sie die oben erwähnten positiven Qualitäten, so daß Sie eine ermutigende innere Haltung und ermutigende Fähigkeiten[9] zeigen können. Es wird Sie nicht nur in der Kindererziehung, sondern auch im Umgang mit allen Menschen erfolgreicher, zufriedener und glücklicher machen.

## Keine halben Sachen - Vier wichtige Regeln

1.  *Verstehen.* Experimentieren Sie nicht mit unseren Empfehlungen, die wir auf den nächsten Seiten beschreiben. Packen Sie ein Problem erst dann an, wenn Sie wirklich verstanden haben, wie Sie es genau machen sollen und warum zu erwarten ist, daß dabei etwas Gutes herauskommen kann. Verstehen Sie es nicht, so rufen Sie uns an.

2.  *Mitteilen.* Teilen Sie dem Kind genau mit, was Sie vorhaben zu tun. Wenn das Kind Fragen hat, so beantworten Sie alle seine Fragen.

3.  *Handeln.* Hier ist das Ende von Nörgeln, Meckern, Kritisieren, Belehren, Predigen, Schimpfen, Drohen, Erinnern, Diskutieren usw. Jetzt führen Sie nur noch in Ruhe und ohne Worte das durch, was Sie beschlossen haben zu tun.

4.  *Konsequent sein.* Machen Sie keine Ausnahmen. Lassen Sie sich nicht von anderen beeindrucken. Lassen Sie sich nicht von den Kindern erpressen. Wenn Sie die A-Säule stehen lassen, zeigen Sie Respekt für das Kind und dann brauchen Sie kein Mitleid zu haben. Mitleid ist in diesen Angelegenheiten kein guter Ratgeber.

---

[9] Schoenaker, Theo: Mut tut gut. Stuttgart, 5. Auflage 1996. Schoenaker, Theo / Seitzer, Julitta / Wichtmann, Gerda: So macht mir mein Beruf wieder Spaß. München 1995.

Sagen Sie dem Kind nicht, daß Sie sich ab jetzt anders verhalten werden, wenn Sie das nicht wirklich vorhaben und bereit sind, dabei zu bleiben. Wenn Sie das Kind über die neuen Schritte informieren, so tun Sie das freundlich. **Lassen Sie die A-Säule stehen!**

Besprechen Sie Ihr Vorhaben mit Ihrem Partner. Wir vermuten, daß Sie beide an den Problemen, die Sie mit den Kindern haben, leiden und daß deswegen auch Ihr Partner bereit sein wird, diese neuen Wege zu gehen. Sollte er oder sie dazu jedoch nicht bereit sein, so **lassen Sie** auch in dieser Beziehung **die A-Säule stehen** und entscheiden Sie freundlich und fest für sich selbst. Der andere wird bald erkennen können, daß Sie auf dem richtigen Weg sind und Sie dann unterstützen.

Wenn Sie in diesem Sinne Ihre Sachen ernst nehmen und keine halben Sachen machen, werden Sie in den meisten Fällen Erfolg haben und Sie brauchen dann nicht zu sagen: "Ja, das habe ich auch schon probiert." Probieren ist zu wenig.

*Aus dem Schlafzimmer klingt Heidi's Stimme: "Mami, ich habe Durst. Ich will Wasser trinken." Mutter: "Du hast genug getrunken. Stör' mich nicht." Ein paar Minuten später: "Aber, Mama, ich habe Durst." Mutter: "Du hast für heute genug Wasser gehabt - und wenn Du mich noch einmal rufst, werde ich Dir den Hintern versohlen." Heidi: "Mama, wenn Du kommst, um mir den Hintern zu versohlen, wirst Du dann ein Glas Wasser mitbringen?"*

## Bettzeit

Für viele Eltern ist die Zeit nach dem Abendessen bis zu dem Zeitpunkt, daß die Kinder im Bett sind, die schlimmste Zeit des Tages. Kinder fordern Eltern heraus, und Eltern lassen sich in Machtkämpfe verstricken. Und trotzdem, das Prinzip ist immer dasselbe. Die Kinder brauchen eine feste Zeit, und die Eltern sollen trotz Charme und Protesten von Seiten der Kinder freundlich und fest bleiben und ihnen keinen Spielraum geben, die Zeit zu überschreiten.

Bei den Kindern Willi und Fred war die vereinbarte Bettzeit 20.00 Uhr. Um 20.00 Uhr machten die Kinder noch keine Anfänge ins Bett zu gehen. Vater sagte ruhig: "Wollt Ihr selbst ins Bett gehen oder möchtet Ihr, daß ich Euch ins Bett bringe?" Willi sagte: "Ich will noch nicht ins

Bett!" und Fred sagte: "Ich auch nicht." Vater stand auf, nahm beide Kinder an der Hand und brachte sie in ihr Schlafzimmer. Ungefähr 5 Minuten später waren beide wieder im Wohnzimmer. Fred sagte: "Ich bin so durstig" und Willi sagte: "Meine Zahnbürste ist kaputt." Vater: "Was ist Euch lieber, jetzt ruhig zu sein in Eurem Zimmer - oder daß ich die Tür abschließe?" Die Kinder gingen zurück in ihr Zimmer und machten dort noch eine Zeitlang Lärm, aber da niemand darauf reagierte und auch niemand böse wurde, gaben sie endlich auf und schliefen ein. Am nächsten Morgen beim Frühstück wurde über diese Szene nicht mehr gesprochen.

Wir kennen andere Eltern, die abends dafür sorgen, daß die Kinder auf die Toilette gehen, bevor sie schlafen gehen, und daß sie ein Glas Wasser neben dem Bett haben. Sie haben beim Familienrat klargemacht, daß die Bettzeit feststeht, aber daß die Zeit, wann sie schlafen gehen wollen, ihre eigene Angelegenheit ist. Damit kommen sie gut zurecht.

Machen Sie sich keine Sorgen darüber, ob Ihr Kind lang genug schläft. Niemand kann Ihnen genau sagen, wie lange z. B. ein achtjähriges Kind schlafen muß. Schlafen ist eine physiologische Notwendigkeit. Wenn Sie daraus kein Thema machen, werden Kinder schlafen gehen, wenn sie müde sind und sie werden solange schlafen, wie sie es brauchen. Machen Sie dafür keine Regel, drohen Sie nicht, schlagen Sie nicht, das hat alles keine gute Wirkung. Achten Sie noch auf folgende Punkte:

- Die Kinder sollen zu einer bestimmten Zeit in ihr Zimmer gehen. Das gehört zur Ordnung. Auch Sie als Eltern brauchen Zeit, um allein zusammen zu sein oder ungestört noch etwas zu arbeiten. Die Kinder haben    Rechte und Sie haben Ihre Rechte.
- Was die Kinder in ihrem Zimmer tun, ist ihre Sache. Auch, ob sie das Licht an oder aus haben.
- Gehen Sie nicht ins Bett des Kindes, um ihm zu helfen, einzuschlafen.
- Sie können vereinbaren, daß Sie bis zu einer bestimmten Zeit zur Verfügung stehen, um das Kind zuzudecken oder ihm noch etwas vorzulesen. Wenn das Kind Sie im Rahmen dieser Vereinbarung ruft, gehen Sie hin. Halten Sie sich an die Vereinbarung.
- Wenn das Kind trotzdem aus dem Zimmer kommt, gehen Sie freundlich und fest ohne ein Wort zu sagen hin, nehmen Sie das Kind bei der Hand und bringen Sie es zurück ins Zimmer. Wenn es zum zweiten Mal kommt, machen Sie genau das gleiche, zum dritten Mal machen Sie genau das gleiche: freundlich, fest und ohne Worte. Ver-

ziehen Sie keine Miene und sprechen Sie nicht, lassen Sie kein Spiel daraus machen, seien Sie freundlich und fest.

- Das Kind soll einen Wecker haben und zu normalen Zeiten aufstehen. Wenn es müde ist, weil es zu spät eingeschlafen ist, wird es so am besten lernen, in Zukunft früher schlafen zu gehen.
- Sie können dafür sorgen, daß in dem Raum vor dem Schlafzimmer Ihres Kindes und auf der Toilette ein kleines Licht brennt, so daß das Kind nachts seinen eigenen Weg finden kann. Begleiten Sie es nicht.
- Erlauben Sie dem Kind nicht, nachts in Ihr Bett zu kommen, es sei denn, es hatte einen Alptraum. Dann handeln Sie, wie im folgenden Kapitel "Ins elterliche Bett" beschrieben wird.

## In das elterliche Bett

Das elterliche Bett ist der Platz, wo Eltern zur Ruhe kommen können und sich erholen für die Arbeit des nächsten Tages. Das ist das Recht der Eltern. Die Kinder haben ein eigenes Bett. Die Kinder sollen so früh wie möglich lernen, daß es diese Art der Ordnung gibt. Ab dem 3. Lebensjahr - Kindergartenalter - soll das Kind im eigenen Bett bleiben.

Wenn Kinder einen Alptraum hatten, dann ist es notwendig, daß Sie sich für einen kurzen Moment um das Kind kümmern, ihm Wärme und Geborgenheit geben, ihm erklären, daß es nur ein Traum war, dann sollen sie es wieder ins eigene Schlafzimmer schicken oder auch mit ihm mitkommen, es schön zudecken, noch einmal einen Gutenachtkuß geben und damit ist es dann vorbei.

Sollten Kinder ihre Ängste, ihre nassen Hosen usw. benutzen, um die Eltern abends oder nachts immer wieder zu stören, so sollen Eltern die Tür des elterlichen Schlafzimmers abschließen und in Kauf nehmen, daß das Kind vor der Tür weint oder an die Tür klopft und schlägt und wütend wird. Bleiben Sie konsequent, geben Sie nicht nach, lassen Sie sich nicht erpressen. Manchmal schläft ein Kind auf dem Boden vor der Tür ein, aber in allen Fällen, die wir kennen, hat das Kind aus der Festigkeit der Eltern die Spielregeln erkannt und ist zurückgegangen ins eigene Bett. Das Problem war damit gelöst.

Wenn Sie bis jetzt zu nachgiebig waren, dann sprechen Sie mit dem Kind bei einer passenden Gelegenheit (Geburtstag, Ferienanfang, Anfang des neuen Schuljahres usw.) darüber. Sagen Sie ihm, daß es jetzt groß genug ist, um im eigenen Bett zu bleiben, und daß Sie - als Eltern - Ihre Ruhe brauchen. Dann bleiben Sie konsequent, auch wenn das Kind protestiert, und lassen die A-Säule stehen.

*Morgens weckt die Mutter ihren Sohn: "Aufstehen, Junge, du mußt in die Schule!" - "Ich will nicht. Erstens bin ich müde, und zweitens lachen die Kinder immer über mich." - "Keine Widerrede, schließlich mußt du ein gutes Vorbild sein, als Direktor der Schule."*

## Aufstehen / Der Wecker

Darum geht es!
- Besprechen Sie mit dem Kind, wie spät es aufstehen will.
- Geben Sie dem Kind einen elektrischen Wecker und üben Sie mit ihm, wie es den Wecker einschalten kann.
- Wenn Sie keinen Wecker verwenden wollen, dann sagen Sie ihm, daß Sie es einmal wecken und nicht öfter.
- Halten Sie sich dann weiter aus der ganzen Sache heraus.
- Diese Regelung gilt für Kinder in jedem Alter.

In vielen Familien ist das morgendliche Aufstehen der Kinder ein Grund für Unfrieden. Man ist angespannt und aufgeregt. Die Eltern haben ihre Kinder mehrmals gerufen, an die Türen geklopft und gebeten, daß sie doch endlich aufstehen und fertig werden sollen. Sie helfen ihnen sich anzuziehen und drängen, daß sie sich beeilen sollen. Es gibt Eltern, die helfen Kindern in jeder Hinsicht und nehmen ihnen jede Verantwortung ab; andere schimpfen, schreien und schlagen. Aber es gibt auch Eltern, die überhaupt keine Schwierigkeiten haben.

Wenn Eltern mit unserer Hilfe oder unter dem Druck der Realität endlich verstanden haben, daß Aufstehen die Verantwortung des Kindes ist und nicht der Eltern, dann werden sie sich aus der ganzen Sache raushalten. Sie werden die Kinder die Folgen des Zu-spät-kommens tragen lassen.

Eltern können lernen, diese Spielregeln konsequent einzuhalten, noch bevor sie Schwierigkeiten mit dem Thema haben. Doch manchmal lernen sie erst dann, wenn sie an die Grenzen ihrer Möglichkeiten gestoßen sind.

Hier der Bericht einer Mutter aus einer Beratungsstunde:

"Ja, das ist die Geschichte mit meinem Sohn.

Als mein Sohn mit 6 Jahren in die Schule kam, war das Aufstehen jeden Morgen ein Problem. Er mochte die Schule, aber nicht das Aufstehen. Und das ging dann so: Wenn ich ihn geweckt hatte und er dann endlich aufgestanden war, trödelte er fürchterlich. Ich habe unten im

Flur an der Treppe gestanden und habe nach oben gerufen: "Johannes, was ist los? Wie weit bist Du denn? Die Zeit drängt!" Und er sagte dann ganz verschlafen: "Ich sitze noch auf der Toilette". Er war noch nicht angezogen, hatte noch gar nichts gemacht. Ich bin dann meistens raufgegangen, habe ihn gewaschen, angezogen und fertiggemacht. Es wurde aber nicht besser.

Eine Zeitlang war es so, daß ich einen Trick angewandt habe. Ich bin noch früher aufgestanden, habe mich zu ihm ins Bett gelegt und habe ihn wachgekitzelt. Das hat so ungefähr eine Woche gewirkt. Er fand das ganz toll. Durch das Wachkitzeln ist er dann so etwas in Fahrt gekommen. Er hat sich endlich bequemt und ist aufgestanden. Nach einer Woche ging das Ganze von vorne los. Es war dann so schlimm, daß ich ihn mit seinen geschlossenen Augen aus dem Bett geholt habe, und ihn mit geschlossenen Augen ins Bad geführt habe. Ich durfte nicht mal die Jalousie aufmachen, da hat er schon geschrien: "Jalousie zu, Jalousie zurück. Das ist so hell, das blendet mich so...." Ich habe dann wieder angefangen ihn anzuziehen wie ein Baby, habe ihm die Zähne geputzt, die Haare gekämmt, ich war vollkommen entnervt. Und als er dann endlich zur Tür rausgegagen war, um seinen Schulweg anzutreten, war ich fix und fertig und er ging weinend in die Schule, weil wir uns eigentlich nur gezankt und in die Haare gekriegt haben. Ich bin regelmäßig zwei- bis dreimal in der Woche am Küchentisch zusammengebrochen und habe geheult, weil ich von Schuldgefühlen belastet war und mir vorgehalten habe: "Ja, wie hast Du das Kind wieder behandelt. Du hast ihn angeschrien, weil du selber ungeduldig warst, weil die Zeit gedrängt hat, und jetzt geht er wieder weinend in die Schule ... das kann ja nichts werden." Ich habe dann zu meinem Mann gesagt: "Wenn ich das 13 Jahre mitmachen muß, dann werde ich wahnsinnig!" Das habe ich ungefähr 1/4 Jahr bis Weihnachten mitgemacht, und dann konnte ich nicht mehr.

Dann habe ich ihm eines Tages gesagt: "Ich stelle Dir einen Wecker ans Bett, ich stehe nicht mehr auf." Von da an hat es geklappt. Ich bin am ersten Morgen, nachdem ich das gesagt habe, natürlich im Bett gelegen, habe meine Lauscher aufgestellt und gehört, ob das auch klappt, bin aber nicht raus. Ich mußte mich schwer zurückhalten. Er kam dann an mein Bett, war gewaschen, ordentlich gekleidet, mit einer besonders zurechtgemachten Haarfrisur - gestriegelt und gescheitelt und sagte: "Mama, bin ich auch schön genug, kann ich so in die Schule gehen?" Von da an hat es geklappt.

Johannes ist mittlerweile in der 5. Klasse und geht vollkommen alleine in die Schule; ich muß nicht aufstehen."

# Frühstückszeit

Rudolf Dreikurs sagte öfters: "Die wichtigste Mahlzeit am Tag ist das Frühstück." Je länger wir mit Familien arbeiten, desto klarer wird es, wie recht Dreikurs hatte. Wenn eine Familie 5 oder 10 Minuten Frühstück haben kann in einer guten, positiven Atmosphäre, dann beeinflußt dies den Lauf des ganzen Tages. Eltern sind oft so beschäftigt, insbesondere dann, wenn beide außerhalb arbeiten, daß es fast unmöglich ist, daß alle rechtzeitig aus dem Hause kommen, ohne irgendeine Form von Uneinigkeit und Streit. Aber gerade deswegen lohnt es sich, der Frühstückszeit mehr Aufmerksamkeit zu schenken.

In den meisten Familien herrscht morgens ein Chaos. In 75 bis 80 Prozent der Familien gibt es morgens nach dem Aufwachen Streit. Man scheint nicht aufstehen und in die Schule gehen zu können ohne Spannungen und Aufregungen. Wir empfehlen folgendes, und bis jetzt hat es vielen Menschen geholfen: Das Kind bekommt einen Wecker und dazu die Wahl, um 7.00 oder 5 Minuten nach 7.00 Uhr aufzustehen. Das Frühstück wird zwischen 7.30 und 7.50 Uhr eingenommen. Dazu sind so viel wie möglich Mitglieder aus der Familie anwesend. Das Kind kommt angekleidet zum Frühstück. Das sind die Regeln.

Wenn das Kind aber entscheidet: "Ich stehe nicht auf, und ich werde kein Frühstück essen" dann gehen die Eltern, 10 Minuten bevor sie wegfahren, ins Schlafzimmer des Kindes, stecken die Kleider in eine Tüte und sagen: "Du kannst Dich dann unterwegs im Wagen anziehen, oder Du kannst Dich auch jetzt in den restlichen 10 Minuten noch anziehen. Wir werden auf jeden Fall in 10 Minuten wegfahren." Wird das Kind sich nicht anziehen und auch unterwegs im Wagen nicht, dann wird es sich also im Kindergarten anziehen. Dabei brauchen Sie sich nicht aufzuregen. Sie **lassen die A-Säule stehen.**

Wie wir ja schon klargemacht haben, ist es wichtig, diesen Vorgang vorher mit dem Kind zu besprechen. Dann hat das Kind die Möglichkeit, frei zu entscheiden. Das Ziel ist wieder, daß Eltern nicht zu schimpfen, zu drohen, zu schreien brauchen oder das Kind erniedrigen müssen. Es ist viel respektvoller dem Kind gegenüber zu glauben, daß es selbst fähig ist aus dem Bett zu kommen, sich anzuziehen, zum Frühstück zu kommen und sich daran zu erinnern, was es alles für den Kindergarten oder für die Schule braucht.

*Das Karlchen hat keine Lust, in die*
*Schule zu gehen, ruft an und berichtet*
*mit verstellter Stimme: "Mein Sohn ist*
*leider heute krank. Bitte...." - "Wer ist*
*denn am Apparat?" unterbricht der*
*Lehrer. - "Dumme Frage!" erwidert*
*Karlchen. "Mein Vater natürlich."*

## Schulkrank

"Ich (John), möchte ein Beispiel von logischen Folgen erzählen, welche meine Mutter bei mir angewandt hat, als ich 15 Jahre alt war:
Ich hatte die Neigung, am Freitag, wo wir normalerweise  Prüfungen hatten, zu Hause zu bleiben, sodaß ich die Fragen von meinen Freunden bekam. Ich konnte dann am Wochenende die Antworten suchen und am Montag den Test gut bestehen. Da meine Mutter außerhalb des Hauses arbeitete, ging ich morgens zur Schule, um dann wieder zurückzukommen, wenn ich wußte, daß sie zur Arbeit gegangen war. Das ist schon viele Jahre her. Damals ging man nicht auf der Straße spazieren, sondern man versteckte sich an einem Ort, wo man sicher zu sein glaubte. Eines Tages war ich wieder nach Hause zurückgekehrt, wo ich glaubte, sicher zu sein, und genau dann kam meine Mutter zurück, weil sie etwas vergessen hatte. Sie fand mich zu Hause. Ich war furchtbar erschrocken, daß sie zurückkam. Als sie mich fragte, warum ich nicht in der Schule sei, sagte ich ihr: "Ich bin krank!" Meine Mutter sagte: "Ja, ich sehe es, Du schaust wirklich nicht sehr gut aus, John Morray. Ich glaube, es ist besser Du gehst nach oben und sofort ins Bett." Ich wußte, daß mein Betrug auffliegen würde, als meine Mutter ins Zimmer kam mit einem Thermometer. Nachdem sie mir die Temperatur gemessen hatte, schaute sie sehr besorgt. Es schien so, als sei ich wirklich krank. Sie sagte, ich solle unbedingt den ganzen Tag im Bett bleiben. Wir hatten damals noch keinen Fernseher im Schlafzimmer. Mutter rief ihren Arbeitgeber an und sagte ihm, daß sie zu Hause bleiben müsse bei ihrem "kranken" Kind. An dem Tag brachte sie mir viel Wasser zum Trinken, aber keine Nahrung. Sie wollte natürlich nicht meinen Magen mit Nahrung noch weiter verderben. An dem Abend, etwa 12 Stunden später, bekam ich einen halben Zwieback mit nichts drauf. Am Mittag des nächsten Tages brachte sie mir drei Stück Zwieback und ein bißchen heißen, schwarzen Tee ohne Zucker. Am Samstag Abend gab es Hühnerbrühe. Ich hab's reingeschlungen. Danach war ich nie mehr krank am Freitag."

Wenn ich Eltern von Kindern mit Schulangst oder Schulkrankheit berate, erzähle ich ihnen oft diese Geschichte. Schulangst ist aus meiner Sicht sehr oft eine Demonstration von Macht von der Seite des Kindes, oder eine Demonstration von "Ich will tun, was ich will, wann ich es will und wo ich es will!" Meine Erfahrung zeigt, daß, wenn Eltern oder die Erziehungsperson nach obigen Richtlinien handeln, das einen tiefgreifenden Einfluß auf solche Kinder haben kann. Diese entscheiden dann sehr bald, in die Schule zurück zu kehren.

## Das Pausenbrot - oder: Vergeßlichkeit

Rita vergißt fast jeden Tag ihr Pausenbrot, das Mutter für sie fertiggemacht hat. Mutter bringt ihr das Pausenbrot in die Schule, wie das die meisten "guten Mütter" tun. Nachdem Mutter über logische Folgen gehört hatte, erklärt sie Rita in einer freundlichen, aber festen Art: "Ich werde Dir Dein Pausenbrot nicht mehr nachbringen. Ich glaube wirklich, daß ich damit keinen Respekt für Dich zeige, wenn ich etwas für Dich tue, was Du selbst tun kannst."
Rita vergaß ihr Pausenbrot danach noch ein paar Mal, weil ihre Freunde mit ihr das Pausenbrot teilten. Als diese es aber satt hatten, immer wieder mit ihr zu teilen, fing Rita an, sich daran zu erinnern, daß sie das Pausenbrot mitnehmen mußte.

*Mit Tränen in den Augen baut sich die kleine Anita vor ihrem Lehrer auf: "Ich finde auch nicht alles gut, was Sie machen - aber renne ich deswegen vielleicht immer gleich zu Ihren Eltern?"*

## Hausaufgaben

Darum geht es:
- Schule ist Sache des Kindes. Hausaufgaben sind die Aufgabe des Kindes.
- Die Lehrer sind die pädagogischen Experten. Sie sollen das Kind unterrichten und führen. Setzen Sie das Kind nicht unter Druck, auch wenn die Lehrer Sie darum bitten. Steigen Sie nicht in Konflikte zwischen Kind und Lehrer ein. Das ist deren Angelegenheit, die sie gemeinsam lösen sollen.

- Geben Sie keine Strafe oder Belohnung für Schulleistungen. Das Kind geht für seine eigenen Interessen zur Schule und nicht den Eltern zuliebe.
- Zeigen Sie Interesse für die Hausaufgaben des Kindes. Fragen Sie, was es lernt, und lassen Sie sich vormachen, was es alles schon kann, und freuen Sie sich mit ihm.
- Interessieren Sie sich insbesondere dafür, was in der Schule vor sich geht. Besuchen Sie die Elternabende.

Die meisten Kinder gehen nicht gerne zur Schule. Es gibt Vorschriften, Reglementierungen; es gibt Kritik und abwertende Vergleiche mit anderen Kindern; es gibt: Du mußt ..., Du sollst ..., Du darfst nicht ... Es gibt im allgemeinen wenig Ermutigung und wenig echte Freude.

Wenn Kinder aus der Schule kommen, wo sie so viele Stunden sitzen mußten, freuen sie sich schon im Voraus, sich endlich bewegen, rennen, spielen zu können, frei zu sein und zu tun, was sie selbst gerne wollen. Für die meisten erfüllt sich dieser Traum aber nicht. Kaum sind sie zu Hause angekommen, gibt es schon wieder den nächsten Druck, bzw. den Befehl: "Mach' Deine Hausaufgaben!" Schon wieder muß das Kind sich mit der Schule beschäftigen. Kein Wunder, daß die meisten Kinder Widerstand gegen Hausaufgaben haben und sie sie einfach nicht machen wollen. In dem Maße, wie der Druck der Eltern und der Unfrieden rund um die Hausaufgaben zunimmt, in dem Maße steigert sich auch der Widerwillen gegen die Schule.

Sind die Eltern dafür verantwortlich , daß die Kinder ihre Hausaufgaben machen? Sie sind es nicht!! Nein, sie sind es nicht, auch wenn die Lehrer anderer Meinung sind. Die Lehrer sollen lernen, die Verantwortung dort zu lassen, wo sie hingehört und sie nicht den Eltern zuschieben. Es gibt genug Belege dafür, daß Eltern, die selbst zu wenig Schulbildung gehabt haben, um zu verstehen, was die Kinder für Hausaufgaben machen müssen und sich nicht darum kümmern, überhaupt keine Schwierigkeiten mit den Hausaufgaben der Kinder haben. Sie können einfach nicht helfen, das Kind ist sich selbst überlassen. In ehrgeizigen Familien kommen solche Probleme viel mehr vor.

Eltern setzen Kinder unter Druck, die Hausaufgaben zu machen, weil sie glauben, damit etwas Gutes zu tun, aber die Ergebnisse belehren uns eines Besseren. Wenn Sie als Eltern an Ihr eigenes Leben zurückdenken, so können Sie vielleicht bestätigen, daß Kinder, die zu Hause unter Druck Hausaufgaben machen, nicht wirklich etwas lernen. Sie haben zwar zu Hause ihre geschriebenen Sachen gut gemacht, aber wenn sie in der Klasse belegen müssen, daß sie das auch wirklich begriffen haben, ist das Ergebnis eher negativ.

"Ich (Theo) glaube immer noch, daß ich nicht rechnen kann. Diese Meinung habe ich mir in der Kindheit gebildet. Meine Lehrerin der 2. Grundschulklasse saß mit mir nach der Schule zusammen und gab mir liebevoll Nachhilfe. Sie hat mir extra Aufmerksamkeit gegeben. Mein Vater arbeitete - in der 4. und 5. Klasse - oft bis Mitternacht mit mir an Mathematikaufgaben. Ich erinnere mich nur, daß Vater sich sehr anstrengte, die Aufgaben zu lösen, und daß ich selbst furchtbar müde dabei saß. Meine Noten waren nicht schlecht, aber wenn ich jetzt, mehr als 50 Jahre später, vor Aufgaben stehe, die etwas mit Zahlen zu tun haben, ist der erste Impuls 'kann ich nicht!' "

Wenn Ihre Kinder noch klein sind, können Sie sich schon mit Beginn der Schule aus diesen Themen heraushalten, aber auch, wenn Ihre Kinder schon zur Schule gehen, lautet die Devise: **Halten Sie sich raus! Es ist nie zu spät, diese Entscheidung zu treffen.** Das Kind soll selbst die Verantwortung tragen für seine Schulnoten und für sein Versetzt-werden oder nicht. Wenn Sie das Verhalten des Kindes nicht mit Strafe oder Belohnung belegen, sondern mit Ihrer Bereitschaft, dem Kind zuzuhören und in seinen Bemühungen zu ermutigen, dann tun Sie für die Entwicklung des Kindes zu einem selbständigen, selbstverantwortlichen Erwachsenen mehr, als wenn Sie jetzt kurzfristige Befriedigungen haben, daß Sie mit ihm gemeinsam Hausaufgaben machen.

Wenn Kinder dadurch in Not geraten sind, daß sie über längere Zeit keine Hausaufgaben gemacht haben, können sie den Anschluß in der Schule verlieren, und dann können sie bestimmte Aufgaben nicht machen, weil sie einfach nicht wissen, worum es geht. In so einem Fall leidet das Kind, und dann ist es höchste Zeit, einen individualpsychologischen Berater hinzuzuziehen. Er wird dann gemeinsam mit dem Kind Lösungen suchen. Wenn das Kind Nachhilfe braucht, dann ist es in den meisten Fällen besser, dafür ein anderes Kind zu suchen, das sich in dieser Materie auskennt. Man kann dazu ja mal mit dem Lehrer sprechen. Vielleicht kennt er Kinder, die eine oder zwei Klassen höher sitzen, die da aushelfen können, und die sich auch gerne ein paar Pfennige verdienen wollen. Kinder lernen eher von Kindern als von Erwachsenen, da es keine Machtkämpfe gibt.

Sorgen Sie als Eltern dafür, daß das Kind einen beleuchteten Platz hat, wo es arbeiten kann. Hat das Kind Fragen, so geben Sie ihm Anleitung, wo es die Antworten finden kann. Wenn es wissen will, wie man "Elefant" schreibt, dann raten Sie ihm, im Wörterbuch nachzuschlagen. Das ist echte Hilfe.

Kommt Ihnen folgendes bekannt vor? Vater kommt nach Hause, er hat gerade den Wagen in die Garage gefahren, und sagt zu Ted:

"Hallo, Ted, hast Du schon Deine Hausaufgaben gemacht?" Ted blättert weiter in seiner Skateboard-Zeitschrift und schaut nebenbei ins Fernsehen. Er brummt: "Ich habe keine." Vater: "Was meinst Du, Du hast doch immer Hausaufgaben." "Ach, Vater" (mit einer weinenden Stimme) "ich werd's nachher machen, wenn das Programm mit Alf vorbei ist." "Nein, das wirst Du nicht. Du wirst es jetzt machen", antwortet Vater etwas wütend. Ted ist furchtbar aufgebracht und ruft: "Aber Vater, ich will jetzt den Rest dieses Filmes mit Alf sehen." Vater beruhigt sich etwas, gibt ein bißchen nach und sagt: "Okay, Du kannst es machen, wenn Alf vorbei ist." Nach dem Programm sagt Ted: "Ach nein, ich bin jetzt viel zu müde." Vater, befehlend: "Es ist mir egal, wie müde Du bist, junger Mann. Geh' in Dein Zimmer und mach' Deine Hausaufgaben!"

Wie würden Sie reagieren, wenn Ihr achtjähriger Sohn so nach Hause käme: "Hallo, Mutti" - und dann mit dem berühmten vorwurfsvollen Unterton in der Stimme, den er von Ihnen kennt, fragt: "Hast Du heute die Betten schon gemacht und auch unter dem Schrank Staub gesaugt?"

Das hier folgende System wirkt zwar auch nicht immer, aber die Wahrscheinlichkeit, daß die Hausaufgaben gemacht werden, ist höher, wenn Sie diese Idee verwenden, als wenn Sie mit dem Kind kämpfen. Beim Kämpfen kommt schließlich nur ein Machtkampf heraus. Geben Sie dem Kind beschränkte Wahlmöglichkeiten, zum Beispiel so:

Die erste Wahlmöglichkeit ist die Frage an das Kind: "Willst Du Deine Hausaufgaben um 16.30 Uhr vor dem Essen oder um 19.00 Uhr direkt nach dem Essen machen?"

Die zweite Wahlmöglichkeit: "Brauchst Du 45 Minuten oder 1 Stunde für Deine Hausaufgaben?"

Das Kind antwortet: "Nach dem Essen - 45 Minuten."

Die dritte Wahlmöglichkeit ist: "Willst Du lieber Deine Hausaufgaben in Deinem Zimmer, in der Küche oder im Wohnzimmer machen?"

Hiermit ist also ein Plan für Hausaufgaben gemacht, und die Eltern brauchen jetzt nicht mehr mit dem Kind zu streiten, es zu belehren oder zu befehlen.

Wenn die Eltern eine feste Zeit und einen festen Platz vereinbart haben, können die Streitereien über Hausaufgaben erheblich verringert werden. Kinder erinnern sich auch besser an ihre Hausaufgaben, wenn sie dafür feste Rahmenbedingungen und eine feste Zeit haben. Es entsteht eine bestimmte Routine, und dadurch wird die Atmosphäre der Zusammenarbeit in der Familie gestärkt.

Eltern haben eine beschränkte Verantwortung im Bereich der Hausaufgaben, nämlich:

- eine Zeit festzulegen;
- einen gut beleuchteten Platz für die Hausaufgaben zur Verfügung zu stellen und
- für evtentuelle Hilfe zur Verfügung zu sein, aber nicht, um die Hausaufgaben für das Kind zu machen, z.B.: "Ich stehe Dir bis 19.30 Uhr für Rückfragen, Diktieren usw. zur Verfügung."

Wenn diese drei Dinge geregelt sind, ist es jetzt Sache des Kindes, seine Hausaufgaben zu machen. So nehmen sie den Druck heraus.

Es ist wichtig, Wege zu finden, Kinder zu ermutigen, nicht nur ihre Hausaufgaben fertigzumachen, sondern auch die Leistung des Lernens zu genießen. Helfen Sie dem Kind sein Selbstvertrauen aufzubauen, indem Sie seine Anstrengungen ermutigen. Wenn ein Kind sein Bestes tut, z.B. bei Mathematik, und es hat dann trotzdem noch Fehler, so können Eltern sagen: "Es scheint, daß Du heute schon drei Aufgaben besser gemacht hast" oder: "Ich finde es gut, daß Du Dich so selbstverantwortlich dahinterklemmst und weitere Fortschritte machen willst."

## Fernsehen

Darum geht es:
- Überprüfen Sie Ihr eigenes Fernsehverhalten.
- Machen Sie Fernsehschauen nicht so wichtig, auch nicht für sich selbst.
- Verbringen Sie Zeit mit den Kindern, um gemeinsam zu spielen, zu sprechen oder ein einzelnes Fernsehprogramm zu sehen, worüber man nachher sprechen kann.

Fernsehschauen ist nicht nur ein Anlaß für viel Unfrieden in der Familie, es wirkt sich auch störend, bzw. schädlich auf die kindliche Entwicklung aus. Wenn das deutsche Kind zwischen 3 und 15 Jahren durchschnittlich 3 bis 4 Stunden am Tag Fernseh schaut, dann hat das einen negativen Einfluß auf seine Fähigkeit zu lesen. Aber das ist weniger wichtig als der Einfluß, den es auf die kindliche Seele hat in Bezug auf Gewalt. Überdies: Die Werbung im Fernsehen richtet sich zu bestimmten Zeiten sehr direkt an Kinder, und weckt in Kindern Bedürfnisse für bestimmtes Spielzeug oder Nahrungsprodukte, die sie dann meinen, unbedingt haben zu müssen und Druck auf die Eltern ausüben. Das ist schließlich auch die Absicht der Werbespots.

Das Fernsehen bietet Unterhaltung, Aufregung, Befriedigung ohne persönliche Anstrengung. Das ist sicher einer der Gründe, wieso Kinder es in der Schule, wo sie sich anstrengen müssen, langweilig finden.

Es ist gut, schon früh mit Spielregeln für das Fernsehen anzufangen, und diese Spielregeln werden im Familienrat beschlossen. Die Regeln beziehen sich dann darauf, welche Programme man sehen kann und wie lange man pro Tag und pro Wochenende Fernseh schaut. Ausnahmen können gemacht werden, wenn ganz bestimmte oder große Ereignisse im Fernsehen kommen. Es sollen logische Folgen besprochen werden, daß, wenn ein Kind an einem Tag sein Fernseh-Limit überschreitet, es dann am nächsten Tag nicht TV sehen kann. Wenn alle Regeln verletzt werden, dann wird z.B. eine Woche lang überhaupt nicht Ferngesehen. Das hat natürlich auch Einfluß auf die Fernsehmöglichkeiten der Eltern, aber das ist ja auch nicht nachteilig. Eltern, die den ganzen Tag das Fernsehen laufen haben oder ihre Abende bevorzugt vor dem Fernseher verbringen, sind kein gutes Modell für den Umgang mit dem Fernseher. Kinder können nicht verstehen, warum für Eltern andere Maßstäbe gelten sollen als für sie.

Aber was Sie in Bezug auf das Fernsehverhalten auch tun, stärken Sie den Familienzusammenhalt, indem Sie Zeit füreinander haben und gemeinsam etwas unternehmen. Sorgen Sie, daß die Zeit, die Sie gemeinsam verbringen, frei ist von Kritik und Meckern, und frei von Belehren und Rechthaben-wollen. Interessieren Sie sich für die Meinung Ihrer Kinder und lassen Sie sie sich erzählen. Sie werden erstaunlich viel lernen können. Sie stärken das Zugehörigkeitsgefühl der Kinder, und weder Sie noch Ihre Kinder werden das Bedürfnis haben, aus der Familie zu flüchten hin zum Fernsehen.

Übrigens ... muß man ein Fernsehgerät haben? "Sag' mal, was machst Du denn eigentlich den ganzen Tag, wenn ihr keinen Fernseher habt?!?", wird Ludwig (8) oft ganz entsetzt und bedauernd von seinen Freunden (und von Erwachsenen) gefragt. Seine Antwort ist einfach: "Ich wüßte gar nicht, was ich weglassen sollte - von dem, was ich den ganzen Tag mache - um fernsehen zu können!" Wenn er für ein paar Tage bei seinen Großeltern ist, sieht er sich das Kinderprogramm und mit Opa Sportsendungen an, und das reicht ihm dann, wie er selbst sagt "als Vorrat" für ein halbes Jahr. Im Unterricht wurde das Thema "Fernsehen" behandelt (welche Sendungen sind geeignet, wie lange darf ich, wie wähle ich aus...) und in diesen Unterrichtsgesprächen und im Austausch mit seinen Freunden kam ihm die Erkenntnis, daß er richtig froh darüber ist, "daß wir keine solche Kiste haben", und er nicht davor bzw. damit "ruhiggestellt" wird oder das Problem hat, seine Eltern "von dieser Kiste wegzulocken, um was Interessantes zusammen zu machen."

# Eßprobleme

Stellen Sie sich eine Familie mit 4 Kindern vor, die nur sehr wenig Geld hat und sich kaum ernähren kann. Sie sitzt beim Mittagstisch, und ein Kind sagt mit heulender Stimme: "Mami, ich mag diese Bohnen nicht." Was würde dann passieren? Eines der anderen Kinder würde mit einem lauten Einatmungsrauschen die Bohnen blitzschnell gegessen haben.

Das nächste Mal würde das Kind wohlweislich nichts über seine Bohnen sagen, weil sie auf jeden Fall besser sind, als das, was es gestern bekam, nämlich gar nichts.

Das Essen ist in vielen Familien eine Quelle für Konflikte, und merkwürdigerweise gibt es in Familien, die am Rande des sozialen Minimums leben müssen, d.h. auch in den ärmeren Ländern der Welt, solche Eßprobleme selten.

Die Probleme, die unsere Kinder mit dem Essen haben, werden von den Eltern hervorgerufen durch ihre Überkonzentration und Kontrolle auf: was, wann und wieviel die Kinder essen. Essen ist wie der Stuhlgang und das Schlafen einer der ganz natürlichen Vorgänge, die man nicht lernen muß. Wenn man Hunger hat, dann ißt man. Wenn man müde ist, dann schläft man, und irgendwann meldet der Druck im Darm oder in der Blase, daß es Zeit ist, sich auf die Toilette zu begeben.

Wenn das Essen ein Thema für die Eltern selbst ist - sind Sie eigentlich selbst mit Ihren Eßgewohnheiten zufrieden? - wird es das auch für das Kind, weil es zu wichtig gemacht wird. Eltern, die daraus kein Thema machen, haben solche Probleme mit ihren Kindern nicht, es sei denn, das Kind ist krank. Wenn Kinder zu festen Zeiten Essen bekommen, dabei aber keine besondere Aufmerksamkeit erhalten oder nicht gezwungen werden, dann verläuft das Essen problemlos.

Kinder benutzen das Essen für ihre persönlichen Ziele. Durch Eßprobleme bekommen sie über Gebühr Aufmerksamkeit, und sie gewinnen ihre Machtkämpfe, z.B.: "Wenn ich mich weigere zu essen, gibt meine Mutter nach, und dann darf ich alles, was sie vorher verboten hatte", oder: "Ich esse nur, wenn ich nachher eine doppelte Portion Eis bekomme."

Der kleine Kai kommt zum Frühstück. Er hat seine Verantwortlichkeiten. Er hilft das Frühstück fertig zu machen. Er legt Gabel oder Löffel auf den Tisch und bringt das Müsli. So liefert er seine Beiträge zum Wohle der Familie und entwickelt ein Gefühl der Zugehörigkeit. Mutter gibt ihm eine beschränkte Wahlmöglichkeit: "Willst Du Deine Milch warm oder kalt haben", fragt sie. Kai antwortet: "Aber Mutter, Du weißt doch, daß ich keine Milch mag." Mutter sagt: "Wenn Du keine Milch haben willst, dann sehen wir uns also wieder beim Mittagessen." Kai hat für einen kurzen Moment ein Fragezeichen auf dem Gesicht und sagt dann: "Ja, ich will meine Milch warm haben." Wenn es heute aber der Tag ist, wo es kein Müsli gibt, sondern Brot oder Brötchen, dann fragt Mutter: "Willst Du heute Brot oder Brötchen haben?" Kai sagt: "Ich nehme heute ein Brötchen." Er kaut einige Zeit darauf herum und sagt dann: "Das Brötchen schmeckt mir nicht, ich will Brot." Mutter sagt: "Kai, Du hast Deine Entscheidung getroffen. Wenn Du Dein Brötchen nicht willst, dann sehen wir uns wieder beim Mittagessen." Erstaunt reagiert Kai: "Das ist aber ungerecht, Mutter. Ich liebe Dich nicht mehr. Alle anderen Kinder kriegen auch Brot." Alles, was Mutter zu sagen braucht, ist: "Es tut mir leid, wir sehen uns also beim Mittagessen."

So lernen Kinder Entscheidungen zu treffen und mit den Folgen zu leben. Diese Art des Umganges drückt Respekt für beide Parteien aus.

Manche Kinder brauchen "Stunden", um mit dem Essen fertig zu werden. Dany, 4 Jahre alt, ist die Jüngste in einer Familie mit 5 Kindern. Sie ist ein schönes, strahlendes Kind. Sie sieht aus wie eine kleine Fee. Was Vater und Mutter am meisten irritiert, ist, daß sie das Essen in die Länge zieht. Sie stochert in ihrem Essen herum; dann schaukelt sie mit dem Stuhl hin und her, bis Vater glaubt, daß sie umfallen wird. Die Essenszeit kreist immer um: "Beeil Dich! Schau, daß Du fertig wirst! Sitz gerade! Iß, damit Du ein großes Mädchen wirst!" Sie reagiert mit einem strahlenden Lächeln, ißt für eine kurze Zeit wieder etwas schneller, um dann zu den alten Verhaltensweisen zurückzukehren.

Vater und Mutter lernten, mit dem Problem fertig zu werden. Sie fingen nach einer Beratung an, das Verhalten von Dany völlig zu ignorieren. Über ihr Trödeln wurde in ihrer Anwesenheit nie mehr gesprochen. Als alle fertig waren, räumte Vater oder Mutter die Teller weg, und natürlich auch Danys halbvollen Teller. Die Reste gingen in den Mülleimer. Das alles war vorher im Familienrat besprochen worden und wurde von allen Kindern als eine logische Reaktion betrachtet. Diese Art des Handelns zeigt auch Respekt für die Zeit desjenigen, der heute dran ist mit dem Spülen.

Danys Ziel mit dem Trödeln ist natürlich, Aufmerksamkeit zu bekommen, aber wie wir wissen, ist das eine ziemlich unkonstruktive Art, sich zugehörig zu fühlen. Dadurch, daß die Eltern die Sachen einfach wegräumen, wird das Kind die logischen Folgen seines Verhaltens erfahren und sich das nächste Mal anders entscheiden können.

Wichtig bei alledem ist, daß Sie konsequent bleiben, daß Sie einsehen, daß das Kind etwas lernen kann, und daß es, wenn es wirklich Hunger hat, auch essen wird. Schuldgefühle sind dabei wenig hilfreich.

# Daumenlutschen

Die Eltern von Angela sind wütend, weil das 8-jährige Kind auffällig und demonstrativ am Daumen lutscht. Bei der Beratung mit den Eltern wird übereingekommen, daß sie sich aus dem Machtkampf mit Angela heraushalten. In einem persönlichen Gespräch mit Angela fragt der Berater: "Angela, worüber ärgern sich Deine Eltern am meisten?" Antwort: "Darüber, daß ich an meinem Daumen lutsche." "Das kann ich gut verstehen, daß sie sich daran ärgern, aber ich verstehe auch, daß Du das gerne machst. Wie lange, meinst Du, daß Du pro Tag brauchst, um am Daumen zu lutschen, 15 oder 20 Minuten?" Angela strahlt und erkennt ihre Chance. "20 Minuten", sagt sie. "Gut, Angela, wann willst Du dann 20 Minuten am Daumen lutschen, sofort nach der Schule oder nachdem Du Deine Schulkleider gewechselt hast, und wo würdest Du das dann gerne machen, im Wohnzimmer oder in der Küche?" Angela wählt: "Sofort nach der Schule im Wohnzimmer, und zwar 20 Minuten." "Angela, diese Vereinbarung gilt für eine Woche. Nächste Woche kommst Du dann wieder, und dann will ich gerne hören, wie es Dir dabei ergangen ist." Angela strahlt. Die Eltern kommen jetzt rein. Der Berater bespricht mit den Eltern, daß es für Angela sehr wichtig ist, an ihrem Daumen lutschen zu können, und daß sie meint, daß sie dafür ungefähr 20 Minuten pro Tag braucht. Er läßt sich das von Angela bestätigen und sie sagt darauf, daß sie vereinbart hat, daß sie jeden Tag nach der Schule im Wohnzimmer 20 Minuten am Daumen lutschen darf. Der Berater fragt, ob die Eltern damit einverstanden sind. Die Eltern sagen, daß sie diese Vereinbarung mittragen und nächste Woche wiederkommen.

Am nächsten Tag sieht Mutter, wie Angela sofort nach der Schule sich im Wohnzimmer auf die Couch setzt und nach Herzenslust an ihrem Daumen lutscht. Mutter strahlt Angela an und geht in ihr Schlafzimmer und kann sich vor lauter Lachen nicht mehr halten. Etwa zur gleichen Zeit kommt Vater nach Hause und sieht, wie Angela auf der Couch sitzt und nach Herzenslust an ihrem Daumen lutscht. Weil auch beim Vater jetzt der Druck des Kampfes raus ist, lächelt er Angela an und geht ins Schlafzimmer, wo er Mutter laut lachen hört.

Nach drei Tagen fragt Angela, ob sie den Eierwecker nicht auf 15 Minuten stellen darf, sie glaube nämlich, mit 15 Minuten auszukommen. Mutter: "Nein, Du hast ja dem Berater versprochen, daß Du das 20 Minuten am Tag nach der Schule im Wohnzimmer machst. Erst am Ende der Woche kannst Du diese Vereinbarung mit ihm ändern." Danach hatte Angela kein Bedürfnis mehr, am Daumen zu lutschen.

# Ordnung: "Räum' Deine eigenen Sachen auf!"

Viele Eltern mit Kindern klagen in der Familienberatung über die Unordnung, die Kinder machen, insbesondere darüber, daß sie ihr Zimmer
nicht aufräumen. Kinder sollen lernen, daß sie die Räume, die die Familie miteinander teilt, in Bezug auf Ordnung respektieren sollen, daß sie
aber andererseits einen eigenen Platz haben, womit sie tun können, was
sie wollen. Das kann im Idealfall das eigene Zimmer sein oder auch die
eigene Ecke, für den Fall, daß sie ein Zimmer mit einem anderen Kind
teilen müssen. Sie als Eltern lernen zu respektieren, daß Kinder mit ihrem eigenen Lebensraum tun können, was sie wollen. Dort sollen sie
auch so früh wie möglich lernen, ihr eigenes Bett zu machen, nachdem
sie es mit Vater oder Mutter gemeinsam geübt haben.

Für die gemeinsamen Räume (Wohnzimmer, Küche, Bad, Garage)
gilt, daß da keine Sachen herumliegen, die dort nicht hingehören. Das
bedeutet auch, daß Vater und Mutter genauso aufräumen, wie sie das
von den Kindern erwarten. Wenn die Kinder ihr Spielzeug dort nicht
herumliegen lassen dürfen, dann dürfen die Eltern auch nicht ihre Ziga-
rettenschachteln, ihre Bierflaschen, ihre Kreuzworträtsel, ihren Schmuck
oder die Pfeife herumliegen lassen.

Diese Regeln soll man mit den Kindern besprechen und dafür sorgen,
daß man nicht in Machtkämpfe hineinkommt.

Das geht am besten, wenn man im Familienrat vereinbart, daß es einen Sicherheits-Aufbewahrungskasten (S.A.K.) gibt, wo jeder alles
reinwerfen kann, was nicht in die Räume hineingehört. Wenn jemand
etwas sucht, so kann er es dort holen.

Wir haben verschiedene Formen probiert, z.B. daß man die Sachen
erst nach 3 Tagen oder einer Woche zurückhaben kann, oder daß man
seine Sachen nur gegen einen geringen Betrag zurückbekommt. Wir
haben dabei festgestellt, daß man dadurch mehr in einer Art von Buch-
führung landet, und daß es mehr Zeit kostet, als es eigentlich wert ist.
Wenn die Kinder ihre verlorenen Sachen immer wieder aus dem S.A.K.
holen müssen - schließlich sind ihnen die Sachen ja auch etwas wert, und
in diesem Kasten wird manches verknittert - kommen sie schon bald auf
die Idee, daß es vielleicht doch besser ist, wenn sie ihre Sachen im eigenen Zimmer oder im eigenen Teil des Raumes, wo sie selbst das Zepter
führen, aufbewahren. Auch die Sachen, die Vater oder Mutter herumliegen lassen, verschwinden in dem S.A.K.

Natürlich müssen Sie als Eltern sich Zeit nehmen, Ihren Kindern bei-
zubringen, wie sie Ordnung schaffen. Erwachsene gehen allzuoft davon
aus, daß Kinder wissen, wie es geht, und schimpfen, wenn sie es nicht

tun. Fragen Sie die Kinder immer mal wieder: "Weißt Du, wie es geht?" oder: "Darf ich Dir das 'mal zeigen?"

## Streiten und Kämpfen

In allen Familien mit mindestens zwei Kindern streiten diese. Wenn wir als Eltern uns da einmischen, um herauszufinden, wer angefangen hat, was genau passiert ist und warum, um dann schließlich den wieder zu bestrafen, wovon wir glauben, daß er der Schuldige ist - und das ist meistens der Ältere - dann sind wir auf dem falschen Weg.

Das Kämpfen und Streiten ist mehr und mehr ein Thema geworden, seitdem die Familien kleiner wurden. Als vor 70 Jahren die meisten Familien sieben oder acht Kinder hatten, mußten die Kinder ihre Streitereien untereinander selbst lösen. Als Nr. 7 zur Mutter kam, die gerade dabei war, Butter zu machen, und sagte, daß das Kind Nr. 5 ihm dies und jenes weggenommen habe, da sagte Mutter: "Ja, ich verstehe, daß Du das zurückhaben mußt. Ich mache jetzt Butter." Sie hatte keine Zeit, um sich um all' diese Streitereien der Kinder zu kümmern. Vielleicht kannte sie gerade die Namen. Die Kinder hatten zu lernen, wie sie miteinander umgehen konnten.

Jüngere Kinder fanden schon bald heraus, daß es besser ist, die älteren Geschwister nicht zu ärgern, weil dann etwas passieren würde.

Zwei von uns Autoren sind zweitgeborene Kinder. Wir wissen genau, wie man den älteren Bruder oder die ältere Schwester ärgern kann.

Hier ist eine der vielen Geschichten, die wir miteinander besprachen während der Fertigstellung dieses Buches:

"Ich habe meinen Bruder gerne geärgert. Er war 2 Jahre älter als ich, und ich habe ihn fast als unverletzbar und nicht zu übertreffen betrachtet. Er war ein guter Schüler und er war sportlich. Ich war weder ein guter Schüler, noch sehr athletisch, aber ich konnte seine Unverletzbarkeit brechen, wenn ich ihn dahin führen konnte, daß er mich schlug oder trat.

Wir hatten beim Mittagstisch alle einen festen Platz. Ich saß an dem rechteckigen Tisch, meinem Bruder genau gegenüber. Mein Vater saß neben meinem Bruder, und meine Mutter saß neben mir. In der Mitte unter dem Tisch war eine Latte, um den Tisch zu stabilisieren. Alles, was ich zu tun brauchte, war, meinen Fuß auf diese Latte zu stellen und ein bißchen zu schaukeln. Der Tisch fing dann ein bißchen an zu wackeln, und die Milch vibrierte im Glas meines Bruders, oder der Tisch vibrierte nur ein bißchen, und mein Bruder - ich konnte sehen, wie seine Halsschlagadern dicker wurden - schaute über den Tisch, sagte mit etwas unterdrückter Stimme: "Nimm Deinen Fuß weg!" Ich reagierte mit diesem unglaublich giftigen Lächeln, das ich immer einsetzte, wenn ich ihn wütend machen wollte. Ich überlegte eine Weile, und dann nahm ich meinen Fuß weg und schickte ihm dann noch mal dieses Lächeln. Ach, das brauchte ich nur vier- oder fünfmal zu wiederholen, und dann würde er mir schließlich, unter dem Tisch durch, einen Tritt vor das Schienbein geben, und dann hatte ich es geschafft. Ich drehte mich dann meiner Mutter zu und sagte mit einer heulenden Babystimme: "Mami, er hat mich unter dem Tisch getreten." Nun, gewöhnlich sagte Mutter dann zu meinem Bruder: "Geh' auf Dein Zimmer!" Er stand dann auf, ging durchs Zimmer zur Tür, schaute noch einmal zurück und zischte dann: "Ich krieg' Dich noch, Du Ferkel." Die Begegnung unserer Blicke war genau lang genug, um ihm noch einmal mein giftiges Lächeln zu schicken."

Wenn wir jetzt nach so vielen Jahren zusammen sind, sagt mein Bruder manchmal als Witz, daß er nachts aufwacht und dann noch dieses Lächeln vor sich sieht.

Nein, wir haben nicht viel Sympathie für die Jüngeren, wenn's um Streiten geht. Sie wissen genau, wie sie die älteren Geschwister auf die Palme bringen können. Die Ergebnisse, die dadurch entstehen, daß die Eltern jüngere Kinder bei Streitigkeiten beschützen, sind aber nicht zum Lachen. Viele älteren Kinder in Familien haben noch viele Jahre später feindselige Gefühle dem jüngeren Kind gegenüber.

Im letzten Jahr leitete einer von uns Autoren ein Wochenende mit 30 Lehrern zum Thema "Ermutigung im Klassenzimmer". Hier der Bericht darüber:

Ein Ehepaar, beide waren Lehrer, erzählte mir von den Sorgen über ihren begabten, ältesten Sohn Paul, 11 Jahre alt und in der 6.Klasse. Er hatte in den letzten 4 Jahren besonders schlechte Noten in der Schule gehabt. Paul's Eltern machten sich auch große Sorgen über das ständige Kämpfen, das sich zwischen ihm und seiner jüngeren Schwester Susi, 10 Jahre alt, abspielte.

Als ich innerhalb des Seminars dann eine Sitzung mit den Eltern über das Streiten und Kämpfen hatte, entdeckten wir etwas sehr Typisches für viele Familien. Das älteste Kind kommt in Schwierigkeiten, und das jüngere, das meistens heimlich die Schwierigkeiten entzündet, geht frei aus oder wird von den Eltern beschützt. Wir fanden heraus, daß, wenn Paul in sein Zimmer eingesperrt wurde, weil er Susi geschlagen hatte, sie vor seinem Zimmer auf und ab ging und laut genug sagte: "Na, na, na, jetzt bist Du in Deinem Zimmer"....usw. Natürlich war Paul wütend deswegen, und sobald er wieder frei war, war er wieder hinter seiner Schwester her.

Als ich dann mit den beiden Kindern sprach, klärten sie, was nun eigentlich wirklich los ist. Susi erklärte, daß Kämpfen ein zweischneidiges Schwert ist. So sagte sie: "Ich liebe meinen Bruder, aber ich liebe es auch, wenn er in Schwierigkeiten ist."

Je länger wir darüber sprachen, desto klarer wurde es auch, wie das Kämpfen auch Pauls schlechte Noten in der Schule erklärte. Ich habe ihn gefragt: "Kann es sein, Paul, daß Du Dich so verletzt fühlst dadurch, daß Vater und Mutter immer Susis Seite wählen, wenn Ihr beide gekämpft habt? Kann es sein, daß Du Dich deshalb entschieden hast, Dich an Vater und Mutter, die ja beide Lehrer sind, zu rächen, indem Du in der Schule schlechte Noten hast?" Sein Gesicht klärte irgendwie auf und er sagte: "Ja, ich habe es satt, immer der schlechte Junge zu sein. Es ist einfach nicht gerecht."

Wir sprachen noch etwas länger über dieses Thema mit den Lehrerinnen und Lehrern des Seminars, die diese Sitzung mitverfolgt hatten. Ich sagte: "Es kann sein, daß, wenn Susi und Paul so weitermachen, sie sich nach 20 oder 30 Jahren immer noch nicht mögen. Es gibt viele Erwachsene, die nicht miteinander auskommen, aus demselben Grund, wie es jetzt zwischen den beiden passiert." Als ich in meine Zuhörerschaft schaute, sah ich einige Augen, die sehr naß waren. Als die Sitzung vorbei war, verschwanden einige dieser nassen Augen so bald wie möglich, aber drei andere kamen, um mit mir zu sprechen. Eine der weinenden Erwachsenen war 60 Jahre alt und sagte: "Nachdem ich diese Demonstration gesehen habe, werde ich nach Hause gehen und meinem Bruder einen Brief schreiben und ihm sagen, daß ich nicht mehr mit ihm kämpfen will. Wir haben einander jetzt etwa 58 Jahre lang bekämpft, und es fing im Grunde alles genauso an, wie mit Paul und Susi."

Wir erzählen diese Geschichte aus zwei Gründen:

Erstens macht sie klar, daß dieses Kämpfen nicht etwas ist, was sich einfach hier und jetzt abspielt. Nein, es hängt oft noch so viel Anderes daran, z.B. die schlechten Noten, die Paul in der Schule hatte, und zweitens kann es einen ernsten Einfluß darauf haben, wie Geschwister im späteren Leben miteinander umgehen.

Andererseits spielen auch wir Eltern in dem Ganzen eine sehr entscheidende Rolle. Wenn die Kinder sich verhalten wie normale menschliche Wesen, dann bewegen wir uns von ihnen weg. Wenn sie sich wie kleine Monster verhalten, bewegen wir uns auf sie zu.

Wir fragen oft Kinder, die viel streiten und kämpfen: "Was machen Vater und Mutter, wenn Ihr beide ruhig spielt?" "Dann gehen sie essen oder arbeiten irgendwie, irgend etwas", sagten sie. "Und was machen sie, wenn Ihr miteinander kämpft?" Wie im Chor antworten sie dann: "Ach, dann kommen sie auf uns zu." Es klingt wie der Name eines Spiels: "Hau' Deinen Bruder und ruf' Deine Mutter!" Wenn wir das sagen, dann nicken sie und grinsen.

Es ist oft einfacher, das in anderen Familien zu sehen, als in der eigenen.

Viele Eltern sind davon überzeugt, daß, wenn sie sich aus den Streitereien der Kinder heraushalten, das älteste Kind das jüngste umbringen wird. Manchmal fragen wir Eltern, ob sie dann immer um ihre Kinder herum sind. "Natürlich nicht", sagen sie, "das ist ja unmöglich." Wir versuchen klarzumachen, daß, wenn Kinder einander umbringen wollen, sie dafür dann in der Zeit, wo Vater und Mutter nicht da sind, Gelegenheiten genug haben. Und manchmal beruhigen wir Eltern, die befürchten, daß sich ihre streitenden Kinder umbringen könnten, wenn sie nicht einschreiten, indem wir ihnen sagen - und das nicht ohne Lächeln: "Wir Individualpsychologen geben diesen Rat, sich aus den Streitereien der Kinder herauszuhalten, jetzt schon seit 30 Jahren, und es hat bis jetzt nur zwei Tote gegeben." Dann lachen alle und entspannen sich, weil sie wissen, daß auch das ein Witz war. So beginnen sie zu verstehen, daß Streiten und Kämpfen der Kinder nicht ein so astronomisches Problem ist.

**Das ältere Geschwister ärgern.** Eines der Szenarien, das oft in Familien vorkommt, geht folgendermaßen: So ungefähr um 14.50 Uhr guckt das jüngste Kind auf die Küchenuhr, denn es weiß, sein Bruder wird etwa gegen 15.00 Uhr nach Hause kommen. Es sagt sich selbst. "So, es wird allmählich Zeit, daß ich aktiv werde. Ich habe nur noch 10 Minuten, um meinen Job zu tun." So rennt es schnell durch den Flur und findet den Weg ins Schlafzimmer seines älteren Bruders. Es schiebt ein paar Sachen hin und her und legt einige Besitztümer seines Bruders an einen anderen Platz. Dann hört es seinen Bruder kommen, flüchtet schnell in das elterliche Schlafzimmer und wartet dort die Dinge ab, die kommen werden.

Der Älteste kommt in sein Zimmer, wirft einen kontrollierenden Blick auf Schrank und Schreibtisch und hat schon sofort gesehen, daß einige seiner Sachen an einem anderen Platz liegen. Dann sucht er den Eindringling, der dieses "Verbrechen" begangen hat. Er weiß genau, wo er seinen kleinen Bruder suchen muß, denn er ist immer am gleichen Platz, nämlich im elterlichen Schlafzimmer. Dort findet er dann den Missetäter und ruft laut: "Jetzt habe ich Dich. Ich habe Dir schon so oft gesagt, Du sollst aus meinem Zimmer rausbleiben, und jetzt werde ich Dich wieder umbringen." Der ältere Bruder hebt seine Faust, um den Jüngsten zu vernichten. Dann läßt der Jüngste einen furchtbaren Schrei los - jüngste Kinder haben nämlich große Lungen - und schreit mit scharfer Stimme: "Mama, Mama, er bringt mich wieder um." Dann rennt die Quelle der Liebe, der Gerechtigkeit und der Brüderlichkeit, die Schlichterin, die Köchin, die Fahrerin - alles in einer Person, durch den Flur und ruft mit lauter Stimme: "Das hier ist ein Haus des Friedens!" Sie kommt ins Schlafzimmer, wendet sich dem Ältesten zu, aber bevor sie etwas tun kann, ruft der Älteste ihr zu: "Warte einen Moment, Mutter, ich habe alles versucht, um ihm aus meinem Zimmer rauszuhalten. Ich habe ihm Geld dafür gegeben, ich habe ihm Pralinen gegeben, ich habe ein Schloß an meine Tür gemacht, und jetzt ist er durchs Fenster gekommen." Mutter stellt sich in eine "Ich-habe-es-Dir- schon-so-oft-gesagt-Haltung" (Hände auf den Hüften und die Schultern ein bißchen nach hinten) und sagt: "Als Du in seinem Alter warst, hast Du genau das Gleiche gemacht. Du solltest mehr Verantwortung haben und ein Vorbild sein. Schließlich bist Du unser Ältester. Er kann doch nicht wissen, daß es Dich aufregt, wenn er auf Deinen CD's rumspringt, er ist doch erst 14."

Nun steht der Jüngste hinter Mutter, streckt die Zunge raus oder sendet dem Bruder dieses berühmte, giftige Lächeln. Als Mutter ihren Weg geht und nicht länger da ist, um den Jüngsten zu beschützen, fängt der Streit von vorne an.

Wenn wir uns in Streit und Kampf der Kinder einmischen und den Jüngsten vor dem Ältesten beschützen, dann verbessern wir nicht deren Beziehung, wir verletzen sie. Das älteste Kind kann eine feindselige und verletzende Haltung entwickeln, weil es im Grunde immer in Schwierigkeiten kommt. Das jüngste Kind lernt die entmutigende Lektion: "Irgend jemand wird mich immer beschützen, sogar, wenn ich selbst angefangen habe."

**Ein paar hilfreiche Tips.** Es gibt mehrere Möglichkeiten, mit dem Streiten der Kinder in der Familie umzugehen. Am wirkungsvollsten ist es, solche Uneinigkeiten im Familienrat zu besprechen oder mit jedem einzelnen der Kinder zu sprechen über mögliche Alternativen.

So könnte ein Gespräch mit dem ältesten Kind beinhalten, daß das jüngere Kind von ihm als älterer Bruder/als ältere Schwester Aufmerksamkeit braucht. Es könnte angeregt werden, daß es etwas Konstruktives in einer positiven Art mit dem jüngeren Geschwister macht, dann würde es vielleicht aufhören, ihn/sie zu ärgern.

Es gibt einige Empfehlungen, die man innerhalb oder auch außerhalb des Familienrates als Überlegung haben kann:

• Ignorieren Sie das Streiten. (Das ist sicher das Schwierigste).
• Geben Sie Kindern die Wahl, ihre Uneinigkeit fortzuführen, mit Worten oder auch körperlich, in der Garage oder draußen hinter dem Haus - oder sofort aufzuhören.
• Bringen Sie die Kinder auseinander und schicken Sie sie in ihr Zimmer.
• Am effektivsten ist es aber, sich vollständig   zurückzuziehen in ein anderes Zimmer, am besten gehen Sie in das Badezimmer.

Es gibt zwei Realitäten, denen Kinder sich sehr bewußt sind:

Eltern können Kindern auf Dauer nicht verbieten zu kämpfen, und Eltern hören nicht gerne, was in dem Kampf zwischen Kindern passiert. Wenn Eltern sich entscheiden, die Kinder auseinander zu nehmen oder selbst das Feld zu räumen, dann erkennen sie diese zwei Realitäten an. Es kann auch nicht schaden, den Kindern das zu sagen.

Es ist ein Zeichen des Respektes und der Ermutigung für Kinder, zu erfahren, daß sie die Probleme, die sie miteinander haben, auch selbst miteinander klären können. Sie brauchen keinen Elternteil, der die Dinge immer wieder gutmachen muß.

*Kinder bekommen Geld, weil sie ein Teil der Familie sind, und sie arbeiten mit aus dem gleichen Grund.*
(John Platt)

## Familienbeiträge

Wer einen Beweis dafür haben will, daß Adlers These, daß der Mensch ein soziales Wesen ist und sich zugehörig fühlen will, stimmt, der braucht nur kleine Kinder zu beobachten. Wenn Erwachsene mit Arbeiten im Haus oder im Garten beschäftigt sind, wird schon bald ein einein-halb- oder zweijähriges Kind auch mit einem Putzlappen oder einem Besen herumlaufen und helfen. Dabei können Kinder eine außergewöhn-liche Ausdauer an den Tag legen. Wenn wir das Kind lassen, werden wir anschließend sehen können, wie es nach einer sehr konzentrierten Arbeit glücklich und fröhlich ist.

Bieten Sie Kindern die Möglichkeit zu helfen, auch wenn es viel einfa-cher ist, alles selbst zu machen. Kinder, die mithelfen dürfen, fühlen sich zugehörig, fühlen sich ernst genommen, fühlen sich wichtig und kompetent. In einem Encouraging-Training für Eltern erzählte eine Mutter, daß ihre zwei Jahre alte Tochter Stefanie den Tisch decken und abdecken kann. Natürlich war jeder, der das hörte, skeptisch. Dann er-klärte sie, daß die Familie - Vater, Mutter, Oma, Tante und 2 Kinder, wovon Stefanie die Älteste war - alle ihr Geschirr auf einen etwas nied-rigeren Beistelltisch stellen, wo Stefanie es wegnehmen kann. Dann geht Stefanie mit einem Teller in die Küche, wo die Eltern schon eine Schüs-sel mit Spülwasser auf einem niedrigen Tisch vorbereitet haben. Sie legt den Teller in die Schüssel und geht zurück ins Zimmer, um den nächsten Teller zu holen.

Wenn Stefanie den Tisch deckt, hat die Mutter schon die Teller und das Besteck auf ein niedriges Tischchen in der Küche gestellt. Das Mäd-chen nimmt Teller und Besteck, trägt es ins Wohnzimmer und stellt auf jeden Stuhl einen Teller und das Besteck. Wenn die Familie zum Essen kommt, nimmt jeder seinen Teller vom Stuhl, stellt ihn auf den Tisch und setzt sich zum Essen hin. Die Mutter sorgt dafür, daß das Essen auf den Tisch kommt.

Wer natürlich auf Perfektionismus aus ist, der kann solche Hilfe nicht akzeptieren. Aber diese Mutter interessierte sich mehr für die Entwick-lung des Kindes im Sinne des Zugehörigkeitsgefühls und des Selbstver-trauens. Die Mutter erwähnte oft so nebenbei - wenn Stefanie in Hör-weite war - gegenüber anderen Erwachsenen, daß Stefanie eine gute Hilfe für sie ist.

**Grundsätzlich:** Die Kinder leben in einer Familie und es ist unge-recht, wenn einer alles für die anderen tut. "Sklaverei" ist verboten. Es ist die Pflicht der Eltern, Kinder schon früh eine Atmosphäre der Zu-sammenarbeit erleben zu lassen. Wir sprechen von Familienbeiträgen und meinen Beiträgen zum Wohl der ganzen Familie. Es ist kein Famili-enbeitrag, wenn das Kind sein eigenes Bett macht, sein eigenes Zimmer in Ordnung hält, seine Schulaufgaben macht oder sein Spielzeug auf-räumt. Das ist kein Familienbeitrag. Das sind alles selbstverständliche

Aufgaben für jeden einzelnen. Nein, was wir Familienbeiträge nennen, sind die immerwiederkehrenden Aktivitäten, die gut sind für die ganze Familie. Wenn ein Kind einen Teller mit Essen fallen läßt und das wieder in Ordnung bringt, ist das kein Familienbeitrag. Es räumt einfach seine eigenen Sachen auf. Aber wenn ein Kind dafür sorgt, daß der Hund was zu essen bekommt, dann gehört das in die Kategorie des Familienbeitrags, denn der Hund ist das Eigentum der Familie. Es geht also um Aufgaben, wie: den Mülleimer nach draußen tragen, Essen kochen, Abspülen, Einkäufe machen, Post aus dem Briefkasten holen usw.

Für Familienbeiträge wird man nicht bezahlt, man arbeitet mit, weil man zu dieser Familie gehört. Kinder von drei und vier Jahren können schon in diesem Sinne mitarbeiten.

Wir schlagen vor, daß - wo es einigermaßen möglich ist - alle Familienmitglieder durch Beitragen die täglichen Arbeiten erledigen.

Abhängig vom Alter der Kinder kann eine Liste von Beiträgen von den Eltern oder von Eltern und Kindern gemeinsam zusammengestellt werden. Damit demonstrieren alle Familienmitglieder eine echte innere Verbindlichkeit für die Zusammenarbeit der ganzen Familie.

Die nachfolgende Idee verwenden wir schon seit vielen Jahren. In der **ersten Spalte** sind die notwendigen **Beiträge** aufgeführt. Es sind Beiträge, die täglich wiederkehren. Jedes Familienmitglied soll eine gleiche Anzahl von Aufgaben erledigen. In einer Familie mit vier Personen braucht man entweder 8, 12 oder 16 Aufgaben. Beispiel:

Übersicht der Familienbeiträge

| Beitrag | Wer macht es | Wann wird es gemacht |
|---|---|---|
| Hund füttern | Vater | Sobald ich aufstehe |
| Tageszeitung holen | Chris | Bevor ich mich dusche |
| Tisch decken am Abend | Mutter | 5 Min. bevor wir essen |
| Helfen, das Essen vorbereiten | Bernd | 30 Min. vor dem Abendessen |
| Salat machen | Chris | 15 Min. vor dem Abendessen |
| Tisch saubermachen (abends) | Bernd | Sofort, nachdem wir gegessen haben |
| Küchenboden putzen | Mutter | Sofort, nachdem wir gespült haben |
| Einkäufe machen | Vater | um 18.00 Uhr |

Jetzt, wo Sie die Beiträge in einer Übersicht in der linken Spalte vor sich haben, werden alle Namen der Familienmitglieder auf ein Zettelchen geschrieben und in einen Topf, einen Hut oder einen anderen Behälter

101

geworfen. In der Reihenfolge, wie die Namen aus dem Hut gezogen werden, werden sie hinter die täglichen Beiträge geschrieben. Wenn die Kinder sich beschweren, daß ein Kind zu schwierige und das andere zu einfache Beiträge zu erfüllen hat, können Sie sagen: "Sprich bitte zu dem Hut" (diese Technik kann auch verwendet werden, wenn es darum geht, wer vorne im Wagen sitzen soll oder wer hinten, usw.)

Wir haben diese Technik von einer Mutter kennengelernt, die mit uns über ihre vier Pflegekinder, die sie gerade vor einiger Zeit bekommen hatte, sprach. Sie war nie verheiratet gewesen und hatte somit wenig Kontakt mit Kindern gehabt. Die erste Mutter der Kinder war eine Supermutter gewesen, die alles für ihre Kinder tat. Sie war bei einem Autounfall umgekommen. Die Kinder waren 9, 11, 13 und 15 Jahre alt. Diese neue "Mutter" wußte nur eines, nämlich sie wollte nicht die Sklavin dieser vier verwöhnten Kinder sein. Wir haben vorgeschlagen, sie sollte nach Hause gehen und eine Übersicht für Familienbeiträge zusammenstellen. Das tat sie bei dem nächsten Treffen im Sinne des Familienrates. Sie erzählte, was dann passierte:

"Ich habe erst eine Liste mit Aufgaben gemacht und die Rollen verteilt, so daß jeder wußte, was er zu tun hatte. Die älteren Kinder beschwerten sich sofort, weil die jüngeren Kinder einfachere Aufgaben bekommen hatten, als sie. Ich sagte deswegen: "Okay Kinder, macht jetzt mal Eure eigene Übersicht der Familienbeiträge." Nachdem die Kinder eine Stunde miteinander gestritten hatten, hatten sie zwar eine Übersicht fertig, aber jetzt waren die jüngeren Kinder wütend und erklärten: "Das ist ungerecht, die Älteren machen alle einfachen Aufgaben und wir bleiben mit den schwierigeren Sachen sitzen." Jetzt nahm ich den dritten Schritt und sagte: "Hier haben wir eine Liste mit Aufgaben. Schreib jetzt Deinen Namen auf kleine Zettel, zwei für jeden, und stecke sie in diesen Hut." Als jeder dann nacheinander einen Zettel zog, schrieb ich den Namen in dieser Reihenfolge hinter die Aufgaben. Als die Kinder wieder anfingen, sich zu beschweren und sagten, wie ungerecht es war, sagte ich nur: 'Sprecht zu dem Hut.' "

So haben wir also jetzt zwei Spalten fertig. **Die zweite Spalte** regelt, **wer es macht**.

**Die dritte Spalte** nun kann eine der wichtigsten sein, weil darin nämlich die **Zeitgrenze** für die Erledigung festgelegt wird. Vater könnte z. B. die Wahl haben, den Hund zu füttern, nachdem er aufgestanden ist oder bevor er zum Frühstück kommt und er könnte Bernd fragen: "Willst Du den Tisch sofort nachdem wir alle fertig sind, saubermachen oder nach den 19.00-Uhr-Nachrichten?" Und Mutter: "Willst Du den Tisch eine Viertelstunde bevor wir essen oder 5 Minuten vorher decken?" So sind jetzt die Entscheidungen in der dritten Spalte untergebracht. Die dritte Spalte regelt also: "**Wann es gemacht wird.**" Darunter steht dann in der Reihenfolge: "Sobald ich aufstehe". "Bevor ich mich dusche." "5 Minuten, bevor wir essen." usw.

Es ist sehr hilfreich, diese dritte Spalte zu haben, insbesondere dann, wenn diese Übersicht noch neu ist. Wenn einer der Eltern sagt: "Chris, die Beitragsübersicht sagt, daß es Zeit ist, mit dem Essen zu helfen", dann ist Chris eher bereit, das zu tun, als wenn die Eltern sagen: "Chris, es ist jetzt Zeit, zu helfen." Chris reagiert besser auf eine so unpersönliche Autorität, als auf einen Befehl der Eltern.

Nach einer Woche, zwei Wochen oder einem Monat können die Aufgaben roulieren oder völlig neu gemacht werden. Das wird dann ein Thema für die Tagesordnung für einen Familienrat sein. Ganz wichtig ist natürlich, daß man Kinder anlernt, Aufgaben zu erfüllen, mit denen sie nicht vertraut sind. Dafür braucht man Zeit.


## Bettnässen

Darum geht es:
- Bettnässen ist nicht das Problem der Eltern, sondern des Kindes.
- Schenken Sie dem Kind keine besondere Aufmerksamkeit für sein Einnässen.
- Besprechen Sie das Thema nicht mehr in seiner Anwesenheit.
- Machen Sie keinen Machtkampf daraus. Schimpfen, schlagen und erniedrigen Sie das Kind nicht.
- Zeigen Sie ihm, wo es neue Unterwäsche, einen anderen Pyjama und die Bettwäsche finden kann.
- Üben Sie mit ihm, wie es sein Bett neu beziehen kann. Zeigen Sie ihm, wo es seine nassen Sachen hinlegen soll. - Alles andere überlassen Sie dem Kind. Mischen Sie sich nicht mehr ein.
- Haben Sie Vertrauen, daß das Kind lernt, die Verantwortung für sein eigenes Verhalten zu übernehmen. **Lassen Sie die A-Säule stehen.**

Die meisten Kinder hören um das 4./5. Lebensjahr herum auf, einzunässen. In einigen Fällen machen sie es noch bis in die Pubertät, und es gibt sogar einige Erwachsene, die es noch machen. Bettnässen ist ein allgemeines Problem, und es wurden von den verschiedenen psychologischen Schulen die verschiedensten Methoden eingesetzt, dieses Problem zu lösen. Die wenigsten Methoden zeigen Respekt für das Kind und für seine Möglichkeit, sich selbst zu kontrollieren, weil entweder das Kind durch Strafe dazu gebracht werden soll, mit Bettnässen aufzuhören, oder indem man ihm durch zu viel Fürsorge die Verantwortung abnimmt. Kinder werden ständig daran erinnert, daß sie auf die Toilette gehen sollen. Sie werden daran erinnert, daß sie abends nicht mehr trinken sollen. Sie werden nachts im Schlaf aus dem Bett geholt und schlafend auf die Toilette gesetzt. Das sind alles Methoden, womit Eltern sich sehr beschäftigen können, aber sehr nützlich sind sie nicht.

Hier, eine lustige Geschichte aus einem Beratungsgespräch:

**Die Piepshose:** "Mein jüngster Sohn, Hendrik, ist 4 Jahre alt. Seit 2 Jahren macht er am Tage nicht mehr in die Hosen, aber nachts. Am Anfang habe ich ihm noch Windeln angezogen, doch dann denke ich mir: "so spürt er nie, daß er naß ist." Ich lasse also die Windeln in der Nacht weg. Doch Nacht für Nacht immer dasselbe, das Bett ist naß.

Ich frage meinen Kinderarzt um Rat. Er sagt: "Oh ja, da gibt es etwas ganz Tolles, eine Piepshose." Die Piepshose ist ein kleines, ovales Tuch, das ich in die Hose kletten soll. An diesem Tuch ist ein Hosenträger befestigt, und an diesem Hosenträger, in Schulterhöhe, ist ein kleiner Sender angebracht. Wenn das Tuch naß wird, piepst der Sender, das Kind wacht daran auf und geht auf die Toilette.

Voller Zuversicht nehme ich die Piepshose mit nach Hause und erkläre meinem Sohn, daß ich etwas ganz Tolles habe, mit dem er jetzt nachts aufwacht und somit nicht mehr ins Bett macht. Ich lege das Tuch auf den Tisch und zur Demonstration gieße ich aus einer Gießkanne Wasser darauf - es piepst. Staunend sieht mein Sohn mir zu, dann fragt er: "Und wo krieg ich nachts die Gießkanne her?"

Ich probierte es trotzdem. Mein Sohn bekommt abends die Piepshose an. Mitten in der Nacht piepst es durchs Haus. Wir sind alle hellwach, mein Mann, unser ältester Sohn und ich, wir stehen am Bett von Hendrik, es piepst genau an seinem rechten Ohr, doch er schläft seelenruhig.

Nach ein paar erfolglosen Nächten lege ich die Hose ad acta. Ich habe erkannt, mein Sohn hat einen tiefen, erholsamen Schlaf, er ist morgens immer ausgeruht und fröhlich. Das ist viel mehr wert als eine trockene Hose. Ich mache kein Drama mehr daraus, zeige ihm, was er ab jetzt selbst machen kann und halte mich heraus. Das wirkt dann schließlich Wunder."

Das Schönste, was Kinder bekommen können, ist Aufmerksamkeit, und dafür ist Bettnässen ausgezeichnet geeignet, aber auch für einen Machtkampf oder Rache an den Eltern läßt sich Bettnässen gut einsetzen.

"Mein Sohn Ewald ist 4½ Jahre alt und wir führten eine zeitlang einen heftigen Machtkampf, und zwar weil er sein kleines Geschäft unentwegt in die Hose macht. Es gibt Tage, da geht das recht gut. Dann erinnere ich ihn nämlich stündlich daran, daß er auf die Toilette gehen soll. Manchmal vergesse ich es ... und prompt ist es wieder passiert. Das Geschäft ist wieder in die Hose gegangen."

Berater: "War er auch schon mal trocken?"

"Ja, er war schon mal trocken. Dann kam eine stärkere, psychische Belastung auf ihn zu, und ich denke, daß er dadurch wieder angefangen hat. Am Anfang habe ich viel geschimpft und gesagt, daß ich das nicht möchte. Er solle bitte auf die Toilette gehen, er wäre ein großer Junge und er könnte das langsam alleine. Und dann bin ich dazu übergegangen, daß ich überhaupt nichts mehr gesagt habe. Wenn es wieder soweit war, daß er die Hose naß hatte, habe ich ihn umgezogen; ich habe ihm einfach etwas Frisches, etwas Trockenes angezogen. Mittlerweile ist es so: Er kommt zu mir und sagt: "Ich habe in die Hose gemacht." Er stellt sich freudestrahlend vor mich und sagt: "Gell, Mama, das ist doch überhaupt nicht schlimm. Wir können ja wieder was Frisches anziehen."

Berater: "**Wir** können....."?

"Ja, und dann tue ich das eben auch: seufzen, kopfschütteln, ausziehen, saubermachen, anziehen, Waschmaschine usw. Ja ... deswegen bin ich hier."

Je wichtiger wir das Thema machen, desto sicherer ist es, daß das Kind bei dem störenden Verhalten bleibt. Die Antwort auf die Frage, wie wir das Problem lösen können, ist ganz einfach. Jede Art von Aufmerksamkeit, die das Kind bis jetzt auf dieses Verhalten bekommen hat, muß aufhören. Wir müssen aufhören, mit ihm darüber zu sprechen oder Maßnahmen für das Kind zu treffen, wie z.B. nicht trinken lassen, es nachts auf die Toilette setzen usw., wofür das Kind nach seinem 4. oder 5. Lebensjahr selbst die Verantwortung übernehmen kann.

Frank war schon 4 Jahre alt, als Silvia geboren wurde. Zu der Zeit fing er wieder an zu bettnässen. Mutter hat verstanden, daß es für Frank schwierig war, seine Einzelkindrolle aufzugeben und mit Silvia zu teilen. Sie hat verstanden, daß Frank mit seinem Bettnässen sagen wollte: "Ich bin auch noch hier, und ich bin nicht so groß, wie Ihr denkt. Ich brauche auch eine Pampers."

Mutter sagte zu ihm: "Frank, ich verstehe sehr gut, daß das für Dich sehr unangenehm ist, wenn Du am Tag die Hose naß hast, und auch, wenn Du in einem nassen Bett liegen mußt, aber Du bist ja unser großer Sohn, und Du wirst dieses Problem bestimmt in den Griff bekommen." Sie hat das Problem nicht zu ihrem Problem gemacht, sie hat ihm gezeigt, wo seine Unterwäsche liegt und wie er sein Bett neu beziehen kann, wenn er es naß gemacht hat. Seitdem macht sie überhaupt kein Thema draus, und wenn er mal im Wohnzimmer sein Wasser laufen läßt, läßt sie es nicht auf einen Machtkampf ankommen, sondern sie putzt es schnell weg und ist wieder freundlich zu Frank. Sie und ihr Mann überlegen sich regelmäßig aufs Neue, was sie tun können, um Frank das Gefühl zu geben, daß er der große, erstgeborene Junge ist, und daß es wichtig ist, daß sie ihn haben. Mutter gibt ihm Gelegenheiten, mitzuhelfen, wenn es um Silvia geht, und Vater bietet ihm Möglichkeiten, daß er auch mal mit Vater allein Einzelkind sein kann. In dieser Weise konnte Frank in etwa 3 Monaten sein Problem überwinden.

"Ich (John) habe folgendes erlebt. Mein Sohn hatte eine ernste Lungeninfektion als er etwa 3 Jahre alt war. Die Geschichte: Er verbrachte etwa einen Monat in einem Kinderkrankenhaus. Da ein Lungenflügel zusammengefallen war, wollte man nicht, daß er weint. So hat man ohne Beschränkung nachgegeben und ihn verwöhnt. Als er nach Hause kam, hatten wir den Eindruck, daß Attila - der große Herrscher - wieder auferstanden wäre. Abgesehen davon, daß er in allen Bereichen wollte, was er sich in den Kopf gesetzt hatte, fing er auch wieder an mit Bettnässen. Er war schon ein Jahr lang sauber gewesen. Meine Frau und ich haben seinen Bettbezug immer wieder gewechselt und versucht nicht zu zeigen, wie frustriert wir waren. Das Bettnässen ging jedoch weiter.
In dieser Zeit hatten wir einen Familienrat, und eines unserer anderen Kinder schaute auf den bettnässenden Bruder und sagte: "Weißt Du eigentlich, wie Du nicht in Dein Bett machen kannst?" Der 3-Jährige lächelte und nickte. Dann sagte der andere: "Wenn er weiß, wie das geht, nicht in das Bett zu machen, dann kann er ja auch selbst seine eigenen Bettbezüge wechseln und waschen." Wir haben diesen Vorschlag akzeptiert. Von da an hat er selbst seine Bettbezüge abgezogen und jeden Morgen in die Waschmaschine getan. Danach hat er sie in den Trockner gesteckt und dann wieder sein Bett bezogen. Dabei haben wir ihm dann anfangs geholfen. 5 oder 6 Tage lang hat er es besonders gerne gemacht. Die Waschmaschine einschalten und mit dem Trockner umgehen, das hat ihm ein Gefühl gegeben, daß er schon groß sei. Wir hatten den Eindruck, daß er es so gerne macht, daß wir glaubten, er würde sein Bettnässen wohl nie aufgeben wollen. Aber es dauerte doch nicht allzu lange, dann war das Gefühl eines Abenteuers vorbei, und er hatte es satt - jeden Morgen dieses Getue mit der Bett-

wäsche. Innerhalb einer Woche hörte er auf mit Bettnässen und hat es nie mehr getan."

**Erfahrung eines Elternpaares:** "Unser Fred, 6 Jahre alt, stand schon morgens ganz früh, bevor wir aufstehen wollten, in unserem Zimmer mit seinem durchnäßten Pyjama und weinte leise vor sich hin. Ich habe ihn in unser Bett genommen, obwohl mein Mann überhaupt nicht damit einverstanden war, und so landeten wir dann beim individualpsychologischen Berater. Wir bekamen den Vorschlag, mit Fred zu besprechen, daß er morgens gerne in unser Bett kommen kann, wenn sein Pyjama trocken ist. Schon am nächsten morgen stand er ganz stolz da und zeigte, daß er trocken sei. Wir haben ihn freudig aufgenommen und als er am nächsten morgen wieder naß und weinerlich dastand, haben wir ihm gesagt, er solle sich erst waschen und saubermachen, einen neuen Pyjama anziehen und dann könne er gerne kommen. Er hat sich zwar heftig dagegen gewehrt, aber als er merkte, daß uns das ernst war, hat er es gemacht und wir hatten danach noch eine fröhliche halbe Stunde mit ihm.

Da wir ihn jedoch nicht daran gewöhnen wollten, daß er jeden morgen in unser Bett kommt und uns schon vor dem Aufwachen stört, haben wir die Regel verändert und ihm gesagt, er könne nur am Sonntag morgen in unser Bett kommen. Danach fing prompt wieder das Bettnässen an und er stand wieder mit seinem weinerlichen, mitleiderregenden Gesicht vor unserem Bett. Ich habe ihn dann freundlich und fest bei der Hand genommen und ihn zurückgebracht in sein eigenes Bett. Ich habe nicht mit ihm geschimpft, sondern ihn an unsere Regel erinnert. Er hat dann wohl gemerkt, daß er mit Bettnässen keinen besonderen Platz und keine besonderen Vorzüge mehr bekommen konnte und danach hat er aufgehört mit Bettnässen."

**... und zum Schluß:**
Bettnässen ist für viele Eltern ein großes Problem. Die Methode, die wir Ihnen oben angeboten haben, funktioniert mit Sicherheit bei 90 Prozent der Fälle. Deswegen hier noch einmal die Spielregel:

• Wenn ein Kind körperlich gesund ist, brauchen Sie wegen Bettnässen nicht mit ihm zum Arzt zu gehen.

• Das Kind sagt uns mit dem Bettnässen: "Ich bin noch nicht so erwachsen, wie Ihr glaubt, ich bin noch ein Baby, ich kann mich selbst nicht kontrollieren, ich brauch' noch Eure Hilfe." Sie sollten diese Botschaft des Kindes Ihrer eigenen Botschaft gegenüber setzen, indem Sie mit ihrer Festigkeit und Freundlichkeit signalisieren: "Du bist alt genug, um auf Dich selbst aufzupassen und wir haben volles Vertrauen, daß Du dieses Problem in den Griff bekommst. Es ist schließlich Dein und nicht unser Problem." Das bedeutet: Sie haben für sich entschieden, es ist genug gewesen und mit uns hat das nichts mehr zu tun.

- Sie müssen die Spielregeln freundlich und fest erklären und sicher sein, daß das Kind weiß, worum es geht. Sie sollen es ihm vormachen oder mit ihm üben, wie es das Bett abziehen, die Gummimatte abwischen, das Bett neu beziehen kann, und Sie sollen ihm zeigen, wo seine neue Unterwäsche und der neue Pyjama liegt. Dies alles muß in einer freundlichen Art gemacht werden.

- Lassen Sie sich nicht beeindrucken dadurch, daß das Kind diese Regeln nicht annehmen will oder schimpft, daß Sie schlechte Eltern sind.

- Interessieren Sie sich nicht weiter für das Thema, bleiben Sie konsequent, sprechen Sie nicht mehr über das Bettnässen und **loben** Sie das Kind **nicht**, wenn es trocken ist. Das wäre gegen die Spielregeln. Wenn das Kind stolz darauf ist, daß sein Bett trocken ist, dann sagen Sie lieber mehr oder weniger selbstverständlich, daß das in Ordnung ist. Die Haltung der Eltern drückt Vertrauen aus.

Es kann sein, daß Sie schon sehr kurzfristig Erfolge haben, es kann auch sein, daß es Monate dauert mit einigen Rückfällen, aber bleiben Sie konsequent. Sollten Sie nach einem Jahr keine endgültigen Erfolge haben, dann können Sie sich andere Möglichkeiten überlegen, wie z. B. ein elektrisch gesteuertes Signalgerät, aber Sie werden es nur dann anwenden, wenn das Kind sich freiwillig dafür entscheidet.

## Das weinende Kind

Weinende Kinder können uns furchtbar auf die Nerven gehen. Kinder machen es, um die Aufmerksamkeit der Eltern zu bekommen, oder um schließlich haben zu können, was sie haben wollen. Denn wenn sie lange genug weinen, geben die Eltern in den meisten Fällen nach. Man kann bei diesem und vielen anderen Störverhalten mit großer Sicherheit sagen, daß, wenn das Verhalten immer wiederkehrt, es ein Beweis dafür ist, daß das Kind dadurch irgendwie profitiert. Aufmerksamkeit bekommen, seinen Willen durchsetzen können, das sind solche Vorteile, die das Kind schließlich bekommt. Der beste Rat, den wir Eltern geben können, ist, das Weinen zu überhören, und wenn es allzu schwerfällt, sollen sie sich lieber wie bei streitenden Kindern zurückziehen. Ein guter Platz ist immer das Badezimmer, wo das Radio für eine lautstarke Hintergrundkulisse sorgen kann. Die Tageszeitung oder eine Wochenzeitschrift kann die Zeit, wo das Kind weint, überbrücken.

Wir hatten einmal eine Frau in der Erziehungsberatung, die als Tagesmutter für acht 4 Jahre alte Kinder sorgte. Sie war eine große Frau, sehr streng, aber gerecht zu den Kindern, und sie machte ihre Arbeit gut; die Kinder mochten sie. Was sie aber nicht ausstehen konnte, waren heulende Kinder. Das hatten die Kinder bald raus, und wenn sie sie ärgern wollten, gab es ein Heulkonzert. Das hat sie furchtbar aufgeregt, und dafür kam sie zur Beratung. Als sie verstanden hatte, was die Kinder mit ihr machten, hat sie folgenden Plan ausgearbeitet: Sie nahm die Kinder zusammen und erzählte, daß sie besser weinen können, als jede andere Kindergruppe, die sie je gehabt hat. Sie sagte, daß sie von jetzt an sich nicht mehr ärgern und auch nicht mehr schimpfen würde wegen des Weinens. Sie würde nur auf das "Heulzimmer" zeigen, wo sie dann hingehen könnten, um soviel zu weinen, wieviel und wielange sie wollten. Dann hat sie sich mit den Kindern hingesetzt und aus Zeitschriften schreiende oder weinende Kinderfotos ausgeschnitten und sie zusammen mit den Kindern auf die Tür des Raumes, der ab dem Moment "Heulzimmer" hieß, geklebt. Am ersten Tag waren alle acht Kinder in dem Heulzimmer, um dort zu tun, was man in dem Heulzimmer nun mal tut. Dann konnte sie hören, wie die Kinder zueinander sagten: "Kommt sie jetzt?" Dann hat sie verstanden, für wen dieses Weinverhalten eigentlich gemeint war. Sie fiel nicht darauf rein, und nach einigen Tagen hörte das Weinen und Heulen fast vollständig auf.

## Stottern

Darum geht es:
- Was wir bei jungen Kindern (2-4 Jahre) Stottern nennen, ist selten Stottern. Es ist eine altersentsprechende Unsicherheit in der Wortfindung und in der Sprechmotorik.
- Machen Sie sich darüber keine Sorgen, geben Sie deswegen dem Kind keine besondere Aufmerksamkeit. Sie werden sehen, es geht von selbst wieder vorbei.
- Auch wenn das Stottern eine auffällige Form annimmt, lassen Sie es das Problem des Kindes sein.
- Lassen Sie die A-Säule stehen. Ich (Theo) leite seit über 30 Jahren ein Institut für Stimm- und Sprechbehinderte. Ich behandle Erwachsene,

die stottern. Die Chance für erwachsene Menschen, das Stottern ganz zu verlieren, ist sehr gering. Da das Stottern in der Kindheit beginnt, in der Zeit, wo sich der Lebensstil entwickelt, kann das Stottern ein Teil der Persönlichkeit werden, wenn die Eltern aus Unwissenheit, mit den besten Absichten, falsch mit den ersten Anfängen zum Stottern umgehen.

- Manchmal tritt das stotterartige Sprechen mit Wiederholung und Blockaden auf, nachdem das Kind schon gut sprechen konnte. In diesem Falle haben Sie es mit einem ähnlichen Phänomen zu tun, wiemit dem Bettnässen.

- Das Kind sendet mit dem unsicheren Sprechen Signale "Achtung! Ihr dürft mich nicht übersehen, ich bin auch noch da. Ich bin noch nicht so groß, wie Ihr denkt, ich brauche Eure besondere Aufmerksamkeit." Lassen Sie sich nicht von den Symptomen beeindrucken, erkennen Sie, daß das Kind Aufmerksamkeit braucht. Geben Sie ihm diese Aufmerksamkeit aber nicht in Verbindung mit seinen Stottersymptomen. Überlegen Sie - evtl. gemeinsam mit Ihrem Partner - was Sie tun können, damit das Kind sich mehr zugehörig fühlen kann; wie Sie es mehr ermutigen können, aber nie in Zusammenhang mit seinem Sprechen; wie Sie mehr Zeit für es freimachen können, insbesondere abends vor dem Schlafengehen, oder wie Sie das Kind dann und wann auch mal Einzelkind sein lassen können. In vielen Fällen ist es leicht zu erkennen, daß das Kind es schwierig hat, seinen Platz in der Familie zu finden dadurch, daß es ihm die Geschwister dabei schwermachen. Um solche Fragen zu klären, können Sie einen individualpsychologischen Berater aufsuchen oder eine individualpsychologisch geschulte Logopädin. Wir können nicht empfehlen, das Kind für Sprechübungen zu einem Logopäden oder einer Logopädin zu bringen. Dadurch wird die Aufmerksamkeit des Kindes auf den Sprechvorgang gerichtet und das verunsichert es noch mehr.

Wenn Sie nach obigen Regeln handeln, haben Sie die größtmögliche Wahrscheinlichkeit, daß aus Ihrem Kind kein Erwachsener wird, der stottert. Die Formulierung in dem letzten Satz macht Ihnen klar, daß es besser ist, von Menschen zu sprechen, die stottern, als von Stotterern. Achten Sie darauf, daß Sie ein Kind, das anfängt zu stottern, nicht Stotterer nennen und informieren Sie auch die Verwandten, daß sie über dieses Thema nicht sprechen. Sollte das Kind Sie darauf ansprechen, dann sagen Sie in vollem Vertrauen, daß Sie verstehen, daß seine Art zu sprechen manchmal unangenehm für es ist, daß Sie ihm aber zutrauen, daß es das Problem in den Griff bekommt. Machen Sie kein Thema daraus. Machen Sie es nicht so wichtig!

Erwachsene, die eine Stottertherapie absolviert haben, rufen manchmal nach Jahren an. Dann kann folgendes Gespräch stattfinden:

"Ich bin Franz J. Vielleicht kennen Sie mich noch. Ich war vor einigen Jahren bei Ihnen zur Stottertherapie. Ich komme mit meinem eigenen Stottern so einigermaßen gut zurecht. Mein Problem ist aber, daß ich einen Sohn habe, der jetzt anfängt zu stottern und ich weiß nicht, was ich tun soll."

"Erinnern Sie sich noch, was Sie über dieses Thema während der Therapie gelernt haben?"

"Ja, ich erinnere mich, daß Sie gesagt haben, man soll dem Anfangsstottern der Kinder keine Aufmerksamkeit schenken. Aber ich weiß doch, was das für ein Leiden ist, wenn man als erwachsener Mensch stottert und wenn mein Sohn jetzt anfängt zu stottern, dann kann ich einfach meinen Mund nicht halten, denn ich denke, wenn ich ihn nicht auf Fehler aufmerksam mache, daß er dann immer weiter stottern wird und dann genau die gleichen Leidenswege als Erwachsener gehen muß, wie ich. Ich möchte ihn so gerne davor bewahren."

"Wenn Sie wollen, daß das Kind in Zukunft nicht stottert, dann verzichten Sie auf Ihre kurzfristige Befriedigung, dem Kind für sein Stottern Aufmerksamkeit zu schenken."

"Sie meinen, ich soll das Stottern übersehen, auch wenn ich mich dabei unwohl fühle?"

"Genauso ist es. Haben Sie noch mehrere Kinder?"

"Ja, ich habe noch eine 7 Jahre alte Tochter. Die stottert überhaupt nicht, sie ist auch ganz anders als mein Sohn."

"Lieben Sie Ihre Tochter mehr als Ihren Sohn?"

"Nein, das kann ich so nicht sagen, aber meine Tochter ist so ganz anders, es ist so viel leichter, mit ihr umzugehen. Ich mache z. B. jeden Abend mit ihr Hausaufgaben und das ist auch leicht, denn sie kann gut lernen. Aber immer dann, wenn wir Hausaufgaben machen, dann kommt der Kleine und will dann meine Aufmerksamkeit."

"Und was machen Sie dann?"

"Dann schicke ich ihn weg, weil er ja stört. Übrigens, ich weiß wohl, daß das nicht in Ordnung ist, aber so laufen die Dinge nun mal."

"Und was macht Ihr Sohn dann?"

"Dann fängt er an, zu stottern und sagt 'PPPa - Pa'."

"Und was machen Sie dann?"

"Dann sage ich: 'Sei doch mal ruhig, denk' doch erst mal nach und sprech' doch mal ein bißchen langsamer.'"

"Aufmerksamkeit ist das Allerschönste, was Kinder bekommen können. Und wenn Kinder das Gefühl haben, daß sie keinen Platz haben, weil ein anderes Kind mehr Aufmerksamkeit bekommt, dann werden sie sich mit störenden Verhaltensweisen diese Aufmerksamkeit holen. Das ist ja auch, was Ihr Sohn bekommt, wenn Sie auf ihn einreden, ihn belehren und meinen ihm Gutes zu tun."

"Was soll ich denn machen?"

"Nehmen Sie jede Aufmerksamkeit, die das Kind bis jetzt für sein "Stottern" bekommen hat, weg, zeigen Sie ihm, daß Sie es lieben. **Stabilisieren Sie die A-Säule** seines Zugehörigkeitsgefühls. Ein freundlicher Blick, eine Streicheleinheit, eine Umarmung tun Wunder. Nehmen Sie sich Zeit, vor dem Schlafengehen mit ihm zusammen zu sein. Lesen Sie ihm etwas vor, erzählen Sie ihm eine Geschichte. Nehmen Sie Ihren Sohn dann und wann mit aus, so daß er den Papa ganz allein für sich hat. Sorgen Sie dafür, daß sich das Kind in Ihrer Familie sicher fühlen kann. Ist Ihnen das klar?"

"Ja, ich habe es begriffen und es hat mir wieder klar gemacht, was ich damals schon begriffen hatte."

"Rufen Sie mich bitte in drei oder vier Monaten nochmal an."

Nach drei oder vier Monaten kommt in den meisten Fällen der Anruf: "Der Spuk ist vorbei."

In einigen Fällen kann es länger dauern, bis zu einem Jahr. Bleiben Sie als Eltern konsequent, ermutigen Sie das Kind nicht besonders für sein gutes Sprechen. Nehmen Sie als selbstverständlich an, daß es gut sprechen kann. Machen Sie aus dem Sprechen kein Thema, nehmen Sie Ihr Kind ernst und seien Sie ein gutes Vorbild für ruhiges Sprechen. Lassen Sie es los! Das ist ein echter Beitrag in Ihrer eigenen Selbsterziehung. Schließlich: Wer losläßt, macht vier Hände frei. Jeder kann wieder für sich selbst Verantwortung übernehmen.

## Wutausbrüche

Darum geht es:

- Wutausbrüche sind Erpressungsversuche.
- Es ist nicht wahr, daß Kinder sich nicht beherrschen können. Es ist aber wahr, daß Sie Ihr Kind trainieren, weitere Wutausbrüche zu haben, wenn Sie sein Verhalten belohnen, indem Sie sich erpressen lassen. Kinder mit Wutausbrüchen sind wunderbare Schauspieler.
- Distanzieren Sie sich innerlich und schauen Sie sich das Theater an. Wenn Sie das aber nicht können, dann gehen Sie ins Badezimmer - oder gehen Sie einfach weg.

- Wenn der Wutausbruch vorbei ist, sprechen Sie kein Wort mehr darüber, seien Sie angenehm zu Ihrem Kind, und bei dem nächsten Wutausbruch machen Sie wieder genau das Gleiche. Sie werden sehen, es dauert nicht mehr lange, dann hat das Kind keine Wutausbrüche mehr.

Vater leidet an Wutausbrüchen. Nicht im Geschäft, wo er Abteilungsleiter ist, sondern zu Hause. Er beherrscht damit die ganze Szene. Die Kinder werden unter Einfluß von Vaters Wutausbrüchen erzogen, indem die Mutter ihnen droht mit: "Wenn der Vater heute Abend nach Hause kommt, dann wirst Du was erleben!" In der Firma hat der Vater seinen Platz und seine Anerkennung. Zu Hause scheinen die Dinge nicht so zu laufen, wie er sie sich vorstellt. So findet er mit seinen Wutausbrüchen seinen Platz. An dem Abend war es wieder soweit. Vater hat sich furchtbar aufgeregt. Die Kinder stehen etwas ängstlich, aber trotzdem mit einem kleinen Lächeln auf dem Gesicht in der Ecke, denn sie kennen das Theater schon. Mitten in dem Wutausbruch klingelt das Telefon. Mutter, die noch am besten bei dem Positiven ist, nimmt den Hörer ab und sagt dann zum Vater: "Dein Chef ist am Telefon, er muß Dich dringend sprechen." Vater hört auf mit dem Wutausbruch, geht zum Telefon, unterhält sich mit seiner freundlichsten Stimme mit seinem Chef über die Probleme, die in dem neuen Computer-Programm aufgetaucht sind, und als er den Hörer wieder auflegt, macht er wieder weiter mit dem Wutausbruch, wofür er nichts kann. Der Vater rechtfertigt sich, daß er nun mal cholerisch ist, daß sein Vater und sein Großvater auch Wutausbrüche hatten.

Wir sehen an diesem Beispiel, daß Kinder es bei ihren Eltern und Großeltern abgucken und bald verstanden haben, welche Macht in diesem Verhalten liegt.

Wollen Sie als Eltern so einen tyrannischen Erwachsenen aus Ihrem Kind machen? Nein? Dann glauben Sie uns. Gehen Sie den Weg, den wir oben beschrieben haben.

Noch ein Beispiel: Mutter geht mit Simone in ein Kaufhaus. Simone will erst in die Spielzeugabteilung. Dort halten sie sich eine Viertelstunde auf. Dann gehen Sie zur Kleideretage. Simone findet es dort langweilig und bettelt darum, daß die Mutter wieder mit ihr zur Spielzeugabteilung geht. Mutter erklärt, daß sie noch mehr Einkäufe zu machen hat. Simone bekommt einen Wutausbruch, setzt sich auf den Boden und schreit. Als die Mutter ruhig zuschaut und nicht nachgibt, fällt sie um, schlägt mit Kopf und Händen auf den Boden und macht ein Riesentheater. Die Mutter dreht sich um, nimmt den Aufzug und fragt bei der Eingangsinformation, wo sie ein verlorenes Kind abholen kann. Dann macht sie ihre anderen Einkäufe, holt Simone ab, ist lieb zu ihr, und zusammen gehen sie ohne noch über den Vorfall zu sprechen nach Hause. Simone hatte danach keine Wutanfälle mehr im Kaufhaus.

*Anette kommt erst morgens aus der Disco heim. Im Flur wartet schon die entnervte Mutter im Nachthemd: "Wo kommst du jetzt her? Ich hab' die ganze Nacht kein Auge zugemacht." - "Tja, denkst du vielleicht, ich?"*

## Lügen

Fragen Sie nicht, wenn Sie die Antwort schon kennen. Sie bekommen selten die Antwort, die Sie haben wollen.

Bernd kommt von der Schule nach Hause und setzt sich sofort nach dem Essen vor den Fernseher. Eine Stunde später, als er gerade mitten in einem spannenden Film ist, fragt Mutter: "Hast Du Deine Hausaufgaben schon gemacht?"

Wann soll er die Hausaufgaben denn gemacht haben? Mutter kennt im Grunde die Antwort. Warum fragt sie? Will sie die Wahrheit hören oder will sie testen, wie Bernd sich jetzt aus der Affäre redet, der natürlich viel lieber den Film weiterschaut, als Hausaufgaben zu machen. Bernd schweigt, und als Mutter zum zweiten Mal lauter und drängender fragt: "Hast Du Deine Hausaufgaben schon gemacht?" antwortet er unkonzentriert: "Wir haben keine Hausaufgaben." Mutters Stimme wird lauter: "Natürlich hast Du Hausaufgaben, Du hast immer Hausaufgaben." Bernd: "Ach, laß mich doch erst den Film fertigschauen." Mutter: "Hast Du nun Hausaufgaben oder nicht?" (sie kennt die Antwort schon). Bernd: "Ja, ich mache sie dann nachher." Mutter: "Immer lügst Du mich an. Was aus Dir noch mal wird."

Lügen kann im Dienste eines Machtkampfes oder im Dienste einer Vergeltung stehen. Eltern sind verletzbar wegen des Lügens. Im Grunde finden sie es weniger schlimm, wenn Kinder ihre Hausaufgaben nicht machen, als wenn sie darüber lügen. Sie haben Angst vor dem Weg in die Kriminalität und vor Verantwortungslosigkeit. Deswegen finden sie Lügen schlimm. Die Frage drängt sich auf, ob die Eltern durch ihre ungeschickte Fragerei das Kind nicht zum Lügen veranlassen.

Niko, der Haushund, steht am Tor, Zunge raus, mit glasigen Augen als Mutter aus der Stadt zurückkommt. Wasser- und Futterbehälter sind leer. Mutter schaut auf den Hund, dann auf die 10-jährige Irene und sagt: "Hast Du den Hund gefüttert?" Irene: "Klar habe ich das." Mutter wird wütend und schimpft, daß sie lügt und daß sie ein böses Kind ist.

Bernds Mutter und Irenes Mutter hätten, ohne sich aufzuregen, eine eingeschränkte Wahlmöglichkeit anbieten können. Mutter hätte Bernd fragen können: "Willst Du jetzt Deine Hausaufgaben machen oder nach dem Film?" Mutter hätte Irene fragen können: "Willst Du jetzt den Hund füttern oder nachdem wir gemeinsam eine Schokolade getrunken haben?"

Mutter kocht und backt gerne und gesund. Gerti, 12 Jahre alt, mag diese gesunden Leckereien. Auf dem Tisch liegen Sonnenblumenkerne, Rosinen und Mandeln. Gerti nimmt heimlich die Sonnenblumenkerne, das ganze Päckchen. Als Mutter merkt, daß ihr die Sonnenblumenkerne fehlen, regt sie sich auf, weil sie davon ausgeht, daß Gerti sie geklaut hat. Sie läuft die Treppe hoch, öffnet ohne anzuklopfen Gertis Schlafzimmer, sieht, wie die Plastikverpackungsreste auf Gertis Bett liegen und ruft laut und erregt: "Hast Du mir die Sonnenblumenkerne geklaut?" Was soll Gerti jetzt sagen? Sie befindet sich schon in einem Machtkampf. Gerti: "Nein, Du beschuldigst mich ja auch immer." Mutter: "Du böses Kind, Du lügst mich an. Ich sehe doch, daß Du die Sonnenblumenkerne geklaut hast." Gerti: "Wenn Du das so gut weißt, warum fragst Du dann?"

Mutter hätte Gerti fragen können: "Willst Du jetzt die Sonnenblumenkerne holen, oder wenn der Regen vorbei ist. Willst Du sie selbst bezahlen oder soll ich Dir das Geld von Deinem Taschengeld abziehen?"

Die Faustregel: Fragen Sie nicht, wenn Sie die Antwort schon kennen!

## Stehlen

Stehlen wie Lügen gehört zu den Verhaltensweisen, die wir bei Kindern am liebsten nicht sehen. Sie kollidieren mit unseren moralischen Vorstellungen. Deswegen haben wir die Neigung zum Überreagieren. Gerade dadurch verstärken wir das Verhalten. Wenn wir überdies das Kind noch stigmatisieren mit Namen wie Lügner und Dieb, dann ist die Möglichkeit groß, daß wir als Eltern genau das Kind bekommen, das wir lieber nicht haben wollten.

Am besten ist natürlich, wenn Sie Lügen und Stehlen vermeiden können. Das gelingt am besten, wenn die Beziehung Eltern/Kind von Offenheit und Vertrauen, Glaubwürdigkeit und Ermutigung getragen wird. Entmutigte Kinder, insbesondere solche, die oft gestraft und geschlagen werden und auch solche, die mit den Eltern im Machtkampf leben oder einen solchen Machtkampf oft verloren haben, neigen am meisten dazu, in dieses Verhalten hineinzukommen. Sie bestrafen die Eltern damit oder zeigen sich selbst: "Ich tue trotzdem, was ich will!"

Wenn ein Kind gelogen oder gestohlen hat, ist es am besten, daß Sie darüber kein Aufhebens machen. Das heißt: Stellen Sie das Kind nicht bloß. Lassen Sie das Kind nicht auflaufen. **Sorgen Sie, daß es sich nicht als Verlierer in einem Kampf um moralische Werte vorkommt.** Warten Sie einen guten Moment ab, wo die Beziehung zwischen Ihnen gut ist, und dann sprechen Sie mit ihm, taktvoll, im Bewußtsein der peinlichen Situation, in der es sich befindet. Stellen Sie keine Fragen, wenn Sie die Antwort schon kennen. Sie treiben das Kind zum Lügen. Es mag nicht schlecht dastehen. Das Kind weiß, daß das, was es getan hat, falsch war. Betonen Sie das nicht nochmal, sondern suchen Sie gemeinsam mit ihm Lösungen und haben Sie Vertrauen. **Lassen Sie die A-Säule stehen.**

Nicht immer ist Stehlen ein Ausdruck eines Machtkampfes oder der Rache. Bei Jugendlichen ist Stehlen auch oft mit dem Ziel der Sensation verbunden.

Eine Mutter erzählt: "Bianca ist 15 Jahre alt. Sie hat einen Arzttermin. Sie möchte danach noch eine Freundin besuchen, bei der ich sie dann abends abhole. Ich lasse meine Tochter in der Nähe der Zahnarztpraxis aussteigen und fahre nach Hause. Kaum 1/4 Stunde später sehe ich vom Küchenfenster aus ein Polizeiauto kommen, in dem meine Tochter sitzt. Ich erschrecke und denke, sie hätte einen Unfall. Bianca kommt weinend auf mich zu und fällt mir um den Hals. "Die Sonja klaut immer, und das ist nur wegen Sonja", schluchzt sie. Die Polizisten erklären mir, daß Bianca Rasierklingen klauen wollte und dabei im Supermarkt erwischt wurde. Ich drücke Bianca fest an mich und meine: "Das bringen wir wieder in Ordnung." Dann frage ich die Polizisten, ob sie Bianca zum Zahnarzt bringen können, weil sie in ein paar Tagen ihre Tante in Amerika besuchen will. Sie machen es. Am nächsten Tag steht das Protokoll an. Der Polizist begrüßt uns freundlich und fragt Bianca noch einmal nach dem Hergang. Sie erzählt alles sehr kleinlaut, leise und stockend und sagt: "Ich wollte das auch mal probieren, weil Sonja immer davon erzählt, und es war so aufregend. Ich habe dann nur das Erstbeste nehmen wollen, das vor mir lag, nämlich Rasierklingen. Ich habe gar nicht gedacht, daß ich damit etwas machen kann, aber es war nur deswegen." Der Polizist beschließt das Protokoll mit den Worten: "Ich habe schon mehrere Jugendliche befragt. Bei Dir bin ich ganz sicher, Du machst das nicht noch einmal." Bianca sagt: 'Ganz bestimmt nicht.' "

> *Der achtjährige Daniel seufzt: "Bekäme ich*
> *mehr Taschengeld, hätte ich auch mehr Übung*
> *im Rechnen ...".*

## Geld

Darum geht es:
- Alle Kinder, die den Wert von Geld einschätzen können, brauchen Geld.
- Geld haben, ist ein Recht und kein Vorrecht.
- Kinder dürfen mit ihrem Geld machen, was sie wollen.
- Geld darf nicht zum Gegenstand von Strafe oder Belohnung werden.
- Kinder sollen Gelegenheit haben, selbst Geld zu verdienen.

Kinder werden lernen, mit Geld umzugehen, wenn sie die Möglichkeit bekommen, Fehler zu machen und die Folgen zu tragen. Wenn ein Kind sich von seinem Geld, z.B. von einem Geldgeschenk der Oma etwas kaufen will, was es überhaupt nicht braucht, oder was es vielleicht in ein paar Jahren erst brauchen kann, dann soll es das tun dürfen. Erlauben Sie dem Kind, Fehler zu machen. Das ist die beste Form zu lernen. Sie haben zwar die Verpflichtung, dem Kind zu erklären, welche Haltung Sie selbst in einer bestimmten Angelegenheit haben - und Sie sollen dem Kind auch raten, aber Sie sollen die Entscheidung des Kindes danach respektieren, denn es ist **sein Geld**, und niemand hat das Recht, sich da einzumischen.

Die Höhe des Betrages wird im Familienrat festgesetzt. Darauf gibt es keine Ausnahmen, es sei denn, es wird im Familienrat beschlossen.

Wenn Sie konsequent bleiben bei obigen Regeln, lernen Kinder nicht, daß man Geld erpressen kann. "Ach, Liebste, iß doch nun endlich!" "Aber Mutti, ich habe keine Lust." Mutti: "Wenn Du den Teller brav leer ißt, bekommst Du 50 Pfennige mehr Taschengeld." Susi ißt ihren Teller leer, sie hat etwas gelernt: sie kann Mutter erpressen und Geld bekommen.

In gleicher Weise können Kinder Geld erpressen, wenn sie schlechte Noten haben und sich, mit einer Belohnung in Aussicht, anstrengen,

117

damit sie gerade noch die nächste Klasse schaffen. Kinder dürfen nicht gekauft und Eltern nicht erpreßt werden.

Das Geld, das Kinder bekommen, ist unabhängig von den Arbeiten, die sie in der Familie machen. Kinder bekommen Geld, weil sie ein Teil der Familie sind, und sie arbeiten mit aus dem gleichen Grunde.

Wenn man Kinder bezahlt für die Arbeiten, die als Familienbeiträge zu verstehen sind, untergraben wir das Ziel, Kindern zu helfen, sich zugehörig zu fühlen und beitragen zu dürfen. Es ist ein dramatischer Unterschied, wenn wir Kinder fragen: "Warum hilfst Du Deinen Eltern im Haus?" und hören dann: "Weil sie mich dafür bezahlen" - oder wenn wir ein Kind fragen: "Warum hilfst Du Deinen Eltern im Haus?" und hören: "Weil sie mich brauchen."

Der Betrag, den Kinder bekommen, ist abhängig von den Bedürfnissen des Kindes, im Lichte der finanziellen Möglichkeiten in der Familie, und abhängig vom Durchschnitt in der Gemeinschaft, in der das Kind lebt. Es ist besser, wenn Eltern mit Geld großzügig sind, sodaß ein Kind lernen kann, damit umzugehen. Kleine Kinder, z.B. unter 5 Jahren, sollen vielleicht zweimal in der Woche Geld bekommen. Wenn Kinder zur Schule gehen, bekommen sie es einmal in der Woche. Um das 10. Lebensjahr herum sollen Kinder einmal im Monat ihr Geld bekommen, nachdem die Eltern eine Zeitlang mit einem Abstand von 14 Tagen geübt haben. Dadurch, daß die Abstände größer werden, lernt das Kind allmählich sein Geld richtig einzuteilen.

Wenn es um größere Arbeiten geht, die Eltern von anderen Leuten machen lassen würden, so könnten die Eltern auch mit den Kindern einen Vertrag machen, daß sie die Arbeit übernehmen, um dadurch extra Geld zu verdienen. Ein Vater erzählt: "Unsere Söhne hatten mit uns einen Vertrag, unser Haus anzustreichen, als sie 8, 11 und 13 Jahre alt waren. Es gibt immer noch ein paar Stellen, wo Farbe hingekommen ist, wo sie nicht hingehört, aber generell finden wir, daß sie eine fantastische Arbeit gemacht haben. Und das Gefühl, etwas geleistet zu haben, war großartig." So können auch Arbeiten wie einen Gartenzaun reparieren oder ersetzen, Dachrinnen saubermachen, den Wagen waschen, und viele andere Aufgaben unter Vertrag genommen werden. Die Kinder sollen dafür aber auch genau den gleichen Betrag bekommen, den man normalerweise dafür bezahlen müßte, wenn man z.B. zu einer offiziellen Waschanlage gehen würde oder wenn man einen Maler oder Zimmermann kommen ließe.

Manche Eltern bereiten ihre Kinder auf die Notwendigkeit vor zu sparen. So fragt Vater: "Chris, willst Du von Deinen DM 4,- Taschengeld 50 oder 70 Pfennige sparen?"

Wenn man Kinder schon in sehr jungem Alter Taschengeld gibt, haben sie dadurch viele Lernmöglichkeiten. Wenn man mit dem Kind im Supermarkt ist und das Kind sagt mit weinender Stimme: "Ich will Gummibärchen!" dann brauchen Sie nur zu sagen: "Ja, das ist eine gute Idee. Dafür könntest Du Dein Taschengeld verwenden." Kinder können lernen, Geld für spezielle Wünsche zu sparen, und sie lernen verstehen, daß nicht jeder Wunsch, den sie haben, sofort erfüllt werden kann. Zu lernen, geduldig zu sein, zu warten und zu sparen, um zu haben, was man braucht, das sind positive Ergebnisse von diesem System.

Vielleicht hilft Ihnen folgende Erfahrung, die ein Elternpaar machte: "Wir hatten in unserer Familie die Vereinbarung, daß Schulsachen von der Familienkasse bezahlt werden. Im ersten Schuljahr verschwanden beinahe wöchentlich Radiergummi, Lineal, Bleistifte etc. Solange, bis wir im Familienrat vereinbarten: Die Grundausstattung zu Anfang des Jahres und das, was verbraucht ist, wird weiterhin von der Familienkasse, und das, was "verschwunden" ist, vom Taschengeld bezahlt. Seitdem geht beinahe nichts mehr "verloren", und wenn doch einmal ein Bleistift unauffindbar ist, wird er ohne Murren oder "Verhandlungen" vom Taschengeld nachgekauft."

Ob Kinder jung oder schon älter sind, klare Grenzen und eine konsequente Haltung brauchen sie alle:

Gerda, 19 Jahre alt, kommt nach Hause. "Vater, ich habe mir einen neuen Wagen gekauft. Ich brauche DM 5000,-." Vater erkennt sich selbst. Auch er stürmt los, entscheidet, wenn er etwas im Kopf hat. Er mag seine Tochter, und so lacht er laut und herzlich, sagt aber sehr bestimmt: "Nein, so geht das nicht. Wenn Du kein Geld hast, gibt es halt keinen neuen Wagen. Geh' und gib den Vertrag zurück und hol' Dir den alten Diesel wieder. Darin kannst Du dann fahren, bis Du Dein Geld verdient hast. ... ich kann so gut verstehen, wie miserabel Du Dich jetzt fühlst..... ist mir auch öfters passiert. Ja, so sind wir halt. Erst entscheiden und dann nachdenken, gell? Nun geh' und klär' die Sache!" **Die A-Säule steht**. Vater ist freundlich und fest.

Wenn Kinder etwas zerbrechen, etwas kaputtmachen, bewußt oder unbewußt, absichtlich oder unabsichtlich, können sie für den Schaden aufkommen. Vielleicht muß man einen Vertrag machen, um das Geld über einen bestimmten Zeitraum abzustottern, wenn es etwas Teueres war. Für ältere Kinder (ab dem 5.Lebensjahr) soll man auch Zinsen berechnen, wenn es sich um einen Betrag handelt, der über längere Zeit abgestottert werden muß. Daraus können Kinder vieles lernen. Einer von uns Autoren hatte eine Beratung mit einem Elternpaar, das einen sehr destruktiven 13 Jahre alten Pflegesohn hatte. Er hatte schon viel kaputtgemacht, und die Rechnung wurde immer größer und belief sich zur Zeit der Beratung auf etwa DM 400,-, weil er nicht nur Dinge kaputtmachte, sondern auch von den Eltern Geld stahl. Die Eltern waren zwar irritiert über meinen Vorschlag, den Jungen einen angemessenen Betrag von seinem Taschengeld bezahlen zu lassen und ihm Zinsen zu berechnen, aber da ich ihnen nichts Besseres empfehlen konnte, blieben sie also dabei. So ungefähr nach einem Jahr hatte der Sohn seine Schulden bezahlt. Danach hat er sich noch selten destruktiv verhalten.

Diese Methode gilt auch für Kinder, die in Wutausbrüchen Dinge kaputtmachen.

*Geld für Kleider*

Nach einer Beratung fing eine Familie mit vier Kindern an, sich zu diesem Thema Gedanken zu machen. Sie rechneten aus, wieviel Geld sie in einem Jahr für Kleider brauchten für jedes einzelne Kind. Sie teilten diesen Betrag in vier Teile, sodaß jedes Kind alle drei Monate 25 Prozent des Jahresverbrauchs für Kleider bekam. Von da an war es die Verantwortung des Kindes, seine eigenen Kleider zu kaufen. Wenn das Kind beschloß, lieber eine Marken-Jeanshose zu kaufen, als zwei billigere Hosen, dann war das eine Entscheidung, die respektiert wurde. Da das Markenproblem in vielen Familien zum Diskussionsthema wird, waren diese Eltern davon befreit, denn die Kinder überlegten zusammen und schauten nach Schnäppchen oder suchten in Secondhand-Shops, bis sie hatten, was sie haben wollten. Die Eltern bestanden zwar darauf, daß die Kinder Kleider kauften, die auch anständig waren, d.h. sie achteten darauf, daß ihre 11jährige Tochter nicht allzu sexy herumlief, aber im Großen und Ganzen haben die Kinder es großartig gemacht und haben mit viel Verantwortung ihre Kleider gekauft. Das meist ermutigende in diesem System ist, daß Kinder dann die Kleider kaufen, die sie brauchen, und sehr oft ist das nicht der Fall, wenn Eltern das Kleiderkaufen für sie übernehmen.

Und zum Schluß: Machen Sie aus Ihrem Kind keinen Bettler, und lassen Sie sich nicht auf Vorschüsse ein.

# Drogen

Es ist acht Jahre her. Hans und Anita hatten gerade die Erziehungsprinzipien der Individualpsychologie kennengelernt. Ihre Kinder, 2 und 4 Jahre alt, waren der Anlaß, daß sie zur Beratung kamen. Es ging um

Bettnässen und Eifersucht. Sie konnten mit unseren Anweisungen die Kinder gut ermutigen und ihnen zu mehr Selbstbewußtsein verhelfen.

Ein jüngerer Bruder von Anita war drogenabhängig, und sie und Hans bekamen die zerstörerischen Auswirkungen auf den Jungen und auf die Eltern in aller Härte mit. So saßen sie eines Tages wieder bei uns mit der Frage: "Wie kann man Kinder so erziehen, daß sie sich mit großer Wahrscheinlichkeit aus freien Stücken von Drogen fernhalten können?" Nach unserem Gespräch schrieben sie zu Hause folgenden Plan:

- Wir werden unsere Ehe wichtiger nehmen als je zuvor.
- Wir werden Ermutigung zu einem allgemeinen Prinzip in unserem Familienleben machen.
- Wir werden als Eltern ein Modell sein für Gleichwertigkeit, für Offenheit und regelmäßige Gespräche miteinander.
- Wir werden den Familienrat einführen. Er wird einmal wöchentlich stattfinden.
- Wir entscheiden, keinen Alkohol zu trinken und maßvoll Kaffee und Tee zu trinken. Auch beim Fernsehschauen werden wir Mäßigung walten lassen.
- Wir werden das Gemeinschaftsgefühl unserer Kinder fördern, ehrgeiziges Streben und der-Beste-sein-wollen unwichtig machen und Dabeisein und Mitmachen als erstrebenswerte Ziele vorleben.
- Wir werden nur dann Medikamente nehmen, wenn wir wirklich krank sind und sonst bei Müdigkeit, Kopfschmerzen, Schlaflosigkeit auf Tabletten verzichten.
- Wir werden unsere Kinder mit den schönen Dingen des Lebens, wie Musik, Malerei, Freundschaften, Natur usw., vertraut machen.

Vor einem halben Jahr haben wir sie wiedergesehen. Sie sahen gut aus. Sie erzählten, sie hätten viel für ihre eigene Ehe getan und möchten ohne Individualpsychologie und Ermutigung nicht mehr leben. Ihre Kinder kommen in der Schule gut zurecht. Sie haben Freunde und sind sozial in verschiedenen Vereinen engagiert. Anita und Hans haben sich vorgenommen, daß, wenn eines der Kinder mal Drogen nehmen würde, sie es nicht unter Druck setzen oder aufgeben würden, sondern daß sie ihm signalisieren werden, daß sie es lieben, und daß es bei seinen Eltern immer willkommen ist. Sie würden dem Kind raten, eine Drogenberatung in Anspruch zu nehmen, und sollte das Kind es nicht wollen, würden sie selbst zur Drogenberatung gehen. So wie die Situation aber jetzt aussieht, scheint es, daß sie starke Kinder haben. Zu stark für Drogen.

## Das Encouraging-Training - *Schoenaker Konzept®*

Spielregeln, Vereinbarungen, eine konsequente Haltung ... alles gut und schön, aber ohne die Liebe ist das alles nicht viel wert. Ohne die A-Säule bringt es keine guten Früchte. Ohne sie werden Regeln und die konsequente Haltung leicht zu autoritären Machtmitteln.

Ermutigung ist praktizierte Liebe und eine ermutigende Haltung, der wichtigste Inhalt der A-Säule. Das Wort "Ermutigung" ist uns Menschen nicht unbekannt, aber die Praxis der Ermutigung ist uns nicht vertraut. Zu sehr sind wir in der Atmosphäre der Fehlerbezogenheit aufgewachsen und leben auch jetzt darin.

Das Encouraging-Training - nach dem englischen Wort für Ermutigung: "encouragement" - lehrt die Methoden der Ermutigung. In 10 Einheiten kann man viele Aspekte der Selbst- und Fremdermutigung kennenlernen und üben. So wird man fähiger, sich selbst und andere aufzubauen.

Für dieses Training stehen in den deutschsprachigen und anderen europäischen Ländern Encouraging-Trainer und -Trainerinnen zur Verfügung. Das Programm ist für jeden Erwachsenen geeignet, der etwas in Sinne der Ermutigung für sich selbst tun will.

## Encouraging-Training für Eltern

Ein Encouraging-Traing, nach Schoenaker/Broder - speziell für Eltern oder Elternteile, baut auf den Inhalt dieses Buches auf. Das Training, wieder über 10 Einheiten verteilt, berücksichtigt die Tatsache, daß Wissen und Erkenntnisse alleine nicht zur Verhaltensänderung führen. Trainieren von neuen Möglichkeiten ist notwendig und hoffnungsspendend. Die teilnehmenden Eltern erfahren: "Wir sind nicht hilflos; die neue Art des Umganges mit den Kindern kann man sich zu eigen machen; von Woche zu Woche geht es leichter. Wir sehen wieder Land."

Adressen von Encouraging-Trainerinnen und -Trainern, die nach dem Schoenaker-Konzept arbeiten, bekommen Sie auf Anfrage bei den Autoren im Rudolf-Dreikurs-Institut,Tel.:09741-3130, Fax: 09741-1281

# Empfohlene Literatur

Bettner, B. und Lew, A:
  *"Kindern eine Chance geben"* -  München 1992
Nelsen,  J.:
  *"Kinder brauchen Ordnung"* -  München 1992
Walton, F. und Powers, R.
  *"Vertrauen und Verantwortung zwischen Kindern und Erwachsenen"*
  München 1984
Blumenthal,  E.:
  *"Verstehen und verstanden werden"* -  *S*tuttgart 1992
Dreikurs, R. und Blumenthal,  E.:
  *"Eltern und Kinder, Freunde oder Feinde"* - dtv Taschenbuch
Dreikurs, R. und Grey, L.:
  *"Kinder lernen aus den Folgen"* -  Freiburg 1996
Dreikurs, R. und Soltz, V.:
  *"Kinder fordern uns heraus"* - Stuttgart 1995
Dreikurs, R.,  Gould, S.,  Corsini, R.:
  *"Familienrat"* - Stuttgart 1985
Dreikurs, R.,  Grunwald, B.,  Pepper, Fl.:
  *"Disziplinprobleme"* - Weinheim 1995

## *Sonstige Bücher der Autoren*

Schoenaker, Th.:
  *"Sich als Eltern gut fühlen"* - RDI Verlag
Schottky, A.:
  *"Die Bedeutung der Kindheit für das erwachsene Leben"* - RDI Verlag
Schoenaker,Th.; Seeler-Kreymeier, B.:
  *"Das Aberchen"* - Ein Märchenbuch für Erwachsene - RDI Verlag
Schoenaker, Th.:
  *"Mut tut gut"* - Horizonte Verlag Stuttgart 1996 , 5.Auflage
Schoenaker, Th.:
  *"Versteh' mich doch!"* - Horizonte Verlag Stuttgart 1993
Schottky,A., Schoenaker,Th.:
  *"Was bestimmt mein Leben?"* Ffm. 1991
Schoenaker, A.u.Th.:
  *"Die neue Partnerschaft"* - Goldmann München 1993
Schoenaker,Th., Seitzer, J., Wichtmann, G..:
  *"So macht mir mein Beruf wieder Spaß"* - Kösel Verlag München 1995

# Kinder, Kinder!

Nancy Fuchs
**Sonne für die Kinderseele**
Spiritualität im Alltag
Band 5501

Mit Kindern wachsen! Der Alltag ist nicht nur Versorgen, Ermahnen, Anstrengung
und Erschöpfung. Ein Buch mit vielen Anregungen für Eltern, denen es auch um
die Seele ihrer Kinder geht.

Walter Pacher
**Wenn Kinder ihre Macht erproben**
Freiheit lassen und Grenzen setzen
Band 4793

Machtkämpfe in der Familie müssen nicht sein. Der erfahrene Gordon-Trainer
zeigt, wie es ohne Niederlagen geht.

Dorothy Law Nolte/Rachel Harris
**Heute schon dein Kind gelobt?**
19 gute Regeln für Eltern
Band 4790

Kinder lernen, was sie erleben und erfahren. Mit positiven Signalen geben Eltern
ihren Kindern Ermutigung, Selbstvertrauen und klare Orientierung.

Ursula Henn
**So kann mein Kind sich besser konzentrieren**
Übungen und Hilfen für Schulkinder
Band 4785

Übungen, die Streß abbauen und zu innerer Ausgeglichenheit führen – und damit
Aufmerksamkeit und Konzentrationsfähigkeit steigern.

Gisela Preuschoff
**Was Mutter und Kind gut tut**
Entspannen und verwöhnen
Band 4784

Einfach das Zusammensein genießen – mitten in der Alltagsroutine und im Familien-
trubel. Mal nicht „erziehen", sondern es sich gemeinsam so richtig gutgehen lassen…

**HERDER spektrum**

Mark L. Brenner
**Positiv erziehen**
Konsequent bleiben, ohne autoritär zu sein
Band 4783

Wenn sie sich in ihrem Anliegen verstanden wissen und Alternativen sehen, können Kinder durchaus damit klarkommen, daß sie etwas nicht bekommen oder nicht dürfen. Brenner zeigt, wie das gelingt.

Maria Montessori
**Kinder, Sonne, Mond und Sterne**
Kosmische Erziehung
Herausgegeben von Ingeborg Becker-Textor
Band 4781

Wie Kinder Verständnis für die Ganzheit der Welt entwickeln können, zeigen die Texte der großen Pädagogin.

Uta Brückner/Heike Friauf
**Hausaufgaben – kein Problem**
Wie mein Kind es selber schafft
Band 4775

Mit diesem Buch können Eltern ihre Kinder so unterstützen, daß sie es immer besser schaffen und immer weniger Hilfe brauchen.

Eva Simon
**Wenn die Kinder aus dem Haus gehen**
Wie Eltern und Kinder sich abnabeln
Band 4771

Witzige, treffende, tiefsinnige Geschichten aus dem wahren Leben und weiterführende Kommentare einer betroffenen Mutter und erfahrenen Pädagogin.

Jenny Alexander
**„Das ist gemein!" – Wenn Kinder Kinder mobben**
So schützen und stärken Sie Ihr Kind
Band 4770

Die Autorin berücksichtigt die praktische und die seelische Seite des Problems „bullying" und zeigt kreative und effektive Handlungsmöglichkeiten auf.

# HERDER spektrum

Maria Montessori
**Kinder richtig motivieren**
Herausgegeben von Ingeborg Becker-Textor
Band 4749
Wie Sie Kindern die richtigen Impulse geben, damit dann alles wie von selbst geht,
das zeigen diese Texte der großen Pädagogin.

Trish Magee
**Das Geheimnis glücklicher Eltern**
52 Tips, um eine glückliche Familie zu sein
Band 4732
Wunderbare praktische Weisheiten für den Familienalltag – Trish Magee macht
Lust, das Positive zu entdecken.

Hans Janssen
**Kinder brauchen Klarheit**
Wie Eltern Regeln finden und Grenzen setzen
Band 4699
Alltägliche und immer wiederkehrende Konflikte so lösen, daß keiner dabei zu
kurz kommt. Ein hilfreiches Buch für ein harmonisches Familienleben.

Janusz Korczak
**Kinder achten und lieben**
Hrsg. von Annelie Ölschläger
Band 4666
Was Kinder wirklich brauchen und wie Erwachsene gemeinsam mit Kindern das
Leben gestalten können. Ein Buch voll überraschender Einsichten.

Uta Brückner / Heike Friauf
**Der Schritt in die weiterführende Schule**
Die beste Wahl für mein Kind
Band 4623
Der kompetente Ratgeber für Eltern, die sich auch nach der Grundschulzeit hinter
ihr Kind stellen, statt es der Schule nur mehr oder weniger auszuliefern.

**HERDER** spektrum